한자능력검정시험 완벽 대비

# 8급 한자 쉽게 따기

성명제 엮음 · 김옥주 그림

## 한자를 예쁘게 쓰는 방법

한자는 획수가 복잡하면서도 일정한 순서를 가지고 있습니다. 이를 쓰는 순서, '필순'이라고 합니다. 따라서 한자는 정해진 필순에 따라 써야 합니다.

첫째, 가로를 먼저 긋고 그다음 세로를 내립니다. 둘째, 왼쪽에서 오른쪽 순서로 써 내려갑니다. 셋째, 위에서 아래로 차례로 써 내려갑니다.

| | | |
|---|---|---|
| 가로 먼저 긋고 세로 내리기 | 十 | 十 十 |
| 왼쪽에서 오른쪽으로 | 川 | 川 川 川 |
| 위에서 아래로 | 言 | 言 言 言 言 言 言 |
| 중심에서 좌우로 | 水 | 水 水 水 水 |
| 바깥에서 안으로 | 因 | 因 因 因 因 因 因 |
| 가로 긋고 삐치기 | 左 | 左 左 左 左 左 |
| 왼쪽 먼저 삐치고 오른쪽 삐치기 | 父 | 父 父 父 父 |
| 꿰뚫는 획은 맨 끝에 긋기 | 車 | 車 車 車 車 車 車 車 |

한자를 예쁘게 쓰려면 위와 같은 정해진 필순에 따라 쓰는 것은 물론, 한자마다 가지고 있는 획의 모양을 잘 살려 써야 합니다. 永(길 영) 자로 몇 가지 쓰는 방법을 알아볼까요?

첫째, 가로획은 5~10도 가량 비슷듬하게 올려 써야 합니다. (永,軍,國,室,木) 단, 맨 아랫부분 가로획은 10도로 비슷듬히 올리지 않고, 수평에 가까운 느낌으로 써야 합니다. (軍,國,室)

둘째, 세로로 내리는 획은 끝을 살짝 삐쳐 올리는 획(永)과 삐쳐 올리지 않고 그대로 내려 긋는 획(木)을 잘 구분해서 써야 예쁜 글씨가 됩니다.

셋째, 길게 왼쪽으로 삐치는 획은 전체가 살짝 휘어진 듯 써야 예쁜 모양이 됩니다. (永)

넷째, 오른쪽으로 삐치는 획은 힘차게 빼다가 끝 부분에서 힘을 빼듯 살짝 삐쳐 주어야 예쁜 모양이 됩니다. (永)

# 차례

**제1과**
### 숫자편
- 一 한 일 ⋯⋯ 4
- 二 두 이 ⋯⋯ 5
- 三 석 삼 ⋯⋯ 6
- 四 넉 사 ⋯⋯ 7
- 五 다섯 오 ⋯⋯ 8
- 六 여섯 륙 ⋯⋯ 9
- 七 일곱 칠 ⋯⋯ 10
- 八 여덟 팔 ⋯⋯ 11
- 九 아홉 구 ⋯⋯ 12
- 十 열 십 ⋯⋯ 13
- 萬 일만 만 ⋯⋯ 14
- 기출 및 예상 문제 ⋯⋯ 15

**제2과**
### 요일편
- 日 날/해 일 ⋯⋯ 21
- 月 달 월 ⋯⋯ 22
- 火 불 화 ⋯⋯ 23
- 水 물 수 ⋯⋯ 24
- 木 나무 목 ⋯⋯ 25
- 金 쇠 금/성씨 김 ⋯⋯ 26
- 土 흙 토 ⋯⋯ 27
- 기출 및 예상 문제 ⋯⋯ 28

**제3과**
### 가족과 사람편
- 父 아버지 부 ⋯⋯ 32
- 母 어머니 모 ⋯⋯ 33
- 兄 맏 형 ⋯⋯ 34
- 弟 아우 제 ⋯⋯ 35
- 女 여자 녀 ⋯⋯ 36
- 人 사람 인 ⋯⋯ 37
- 寸 마디 촌 ⋯⋯ 38
- 기출 및 예상 문제 ⋯⋯ 39

**제4과**
### 위치와 방향편
- 東 동녘 동 ⋯⋯ 45
- 西 서녘 서 ⋯⋯ 46
- 南 남녘 남 ⋯⋯ 47
- 北 북녘 북 ⋯⋯ 48
- 外 바깥 외 ⋯⋯ 49
- 山 메 산 ⋯⋯ 50
- 기출 및 예상 문제 ⋯⋯ 51

**제5과**
### 나라와 크기편
- 大 큰 대 ⋯⋯ 56
- 韓 나라/한국 한 ⋯⋯ 57
- 民 백성 민 ⋯⋯ 58
- 國 나라 국 ⋯⋯ 59
- 中 가운데 중 ⋯⋯ 60
- 小 작을 소 ⋯⋯ 61
- 軍 군사 군 ⋯⋯ 62
- 王 임금 왕 ⋯⋯ 63
- 기출 및 예상 문제 ⋯⋯ 64

**제6과**
### 학교편
- 學 배울 학 ⋯⋯ 69
- 校 학교 교 ⋯⋯ 70
- 敎 가르칠 교 ⋯⋯ 71
- 室 집 실 ⋯⋯ 72
- 先 먼저 선 ⋯⋯ 73
- 生 날 생 ⋯⋯ 74
- 門 문 문 ⋯⋯ 75
- 기출 및 예상 문제 ⋯⋯ 76

**제7과**
### 나이와 색깔편
- 年 해 년 ⋯⋯ 80
- 長 어른/길 장 ⋯⋯ 81
- 靑 푸를 청 ⋯⋯ 82
- 白 흰 백 ⋯⋯ 83
- 기출 및 예상 문제 ⋯⋯ 84

기출 및 예상 문제·모의 한자능력검정시험 정답 ⋯⋯ 80
8급 모의 한자능력검정시험 답안지 ⋯⋯ 91
8급 모의 한자능력검정시험(3회)

제1과 숫자편

월 일 확인

한(하나) 일

손가락 하나를 편 모양을 본뜬 글자로, '하나'를 나타냅니다.

一부수 / 총 1획

✏️ 一이 쓰인 교과서 낱말의 뜻을 알아보아요.

**교과서 어휘**
일등(一等) : 순위나 등급에서 첫째.
일생(一生) : 살아 있는 동안. 한평생.
일년(一年) : 한 해.
일월(一月) : 한 해의 첫째 달.

✏️ 쓰는 순서 ―

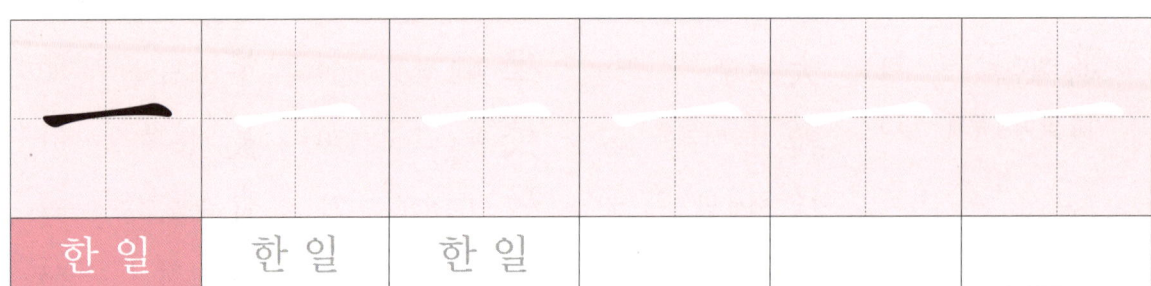

| 한 일 | 한 일 | 한 일 | | | | |

✏️ 훈(뜻)과 음(소리)을 소리 내어 읽으면서 필순에 따라 쓰세요.

제1과 숫자편

二

두(둘) 이

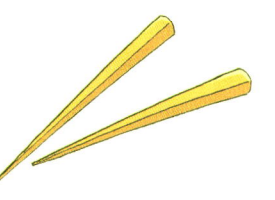

손가락 두 개를 편 모양을 본뜬 글자로, '둘'을 나타냅니다.

二부수 / 총 2획

✏️ 二가 쓰인 교과서 낱말의 뜻을 알아보아요.

| 교과서 어휘 | 이등(二等) : 순위나 등급에서 두 번째. | 이년(二年) : 두 해. |
| | 이십(二十) : 수량이 스물임을 나타내는 말. | 이일(二日) : 이틀. |

✏️ 쓰는 순서 二 二

✏️ 훈(뜻)과 음(소리)을 소리 내어 읽으면서 필순에 따라 쓰세요.

제1과 **숫자**편

월 일 확인

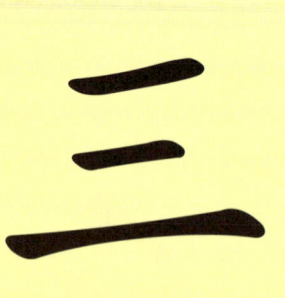

석(셋) **삼**

손가락 세 개를 편 모양을 본뜬 글자로, '셋'을 나타냅니다.

一부수 / 총 3획

✏️ 三이 쓰인 교과서 낱말의 뜻을 알아보아요.

| 교과서 어휘 | |
|---|---|
| 삼일(三日) : 한 달 중 셋째 날. 사흘. | 삼촌(三寸) : 아버지의 형제. |
| 삼국(三國) : 세 나라. | 삼군(三軍) : 육군, 해군, 공군을 일컬음. |

✏️ 쓰는 순서   三 三 三

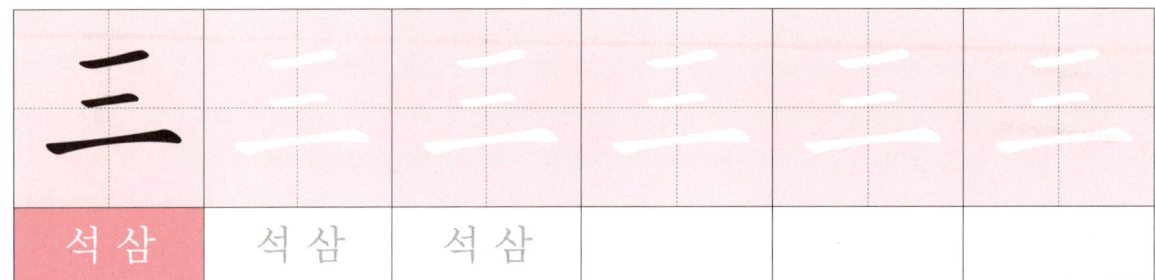

✏️ 훈(뜻)과 음(소리)을 소리 내어 읽으면서 필순에 따라 쓰세요.

## 제1과 숫자 편

월 일 확인

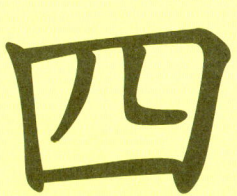

넉(넷) **사**

四 → 四 → 四

방을 네 부분으로 나눈 모양을 본뜬 글자로, '넷'을 나타냅니다.

月부수 / 총 5획

✏️ 四가 쓰인 교과서 낱말의 뜻을 알아보아요.

**교과서 어휘**
- **사**대문(四大門) : 서울의 동·서·남·북 네 대문.
- **사**촌(四寸) : 아버지 친형제의 아들과 딸.
- **사**방(四方) : 동서남북의 네 방향.
- **사**계절(四季節) : 봄·여름·가을·겨울.

✏️ 쓰는 순서

✏️ 훈(뜻)과 음(소리)을 소리 내어 읽으면서 필순에 따라 쓰세요.

 제1과 숫자편

## 五
**다섯 오**

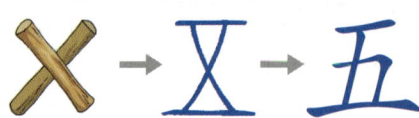

두 개의 막대기를 엇갈리게 놓은 모양을 본뜬 글자로, '다섯'을 나타냅니다.

二부수 / 총 4획

✏️ 五가 쓰인 교과서 낱말의 뜻을 알아보아요.

**교과서 어휘**

- **오**촌(五寸) : 아버지의 사촌 형제. 또는 내 사촌의 자녀.
- **오**월(五月) : 한 해의 다섯 번째 달.
- **오**십(五十) : 숫자로 50.
- **오**색(五色) : 다섯 가지의 색.

✏️ 쓰는 순서  五 五 五 五

| 五 | 五 | 五 | | | |
|---|---|---|---|---|---|
| 다섯 오 | 다섯 오 | 다섯 오 | | | |

✏️ 훈(뜻)과 음(소리)을 소리 내어 읽으면서 필순에 따라 쓰세요.

| 五 | 五 | 五 | 五 | 五 |
|---|---|---|---|---|
| | | | | |

제1과 숫자편

여섯 륙(육)

양 손가락을 각각 세 개씩 편 모양을 본뜬 글자로, '여섯'을 나타냅니다.

八부수 / 총 4획

■ 六이 쓰인 교과서 낱말의 뜻을 알아보아요.

교과서 어휘

육회(六回) : 여섯 번.
육촌(六寸) : 할아버지 형제의 손자.
육형제(六兄弟) : 형제가 여섯 명.
오륙(五六) : 다섯이나 여섯 가량.

■ 쓰는 순서 六 六 六 六

■ 훈(뜻)과 음(소리)을 소리 내어 읽으면서 필순에 따라 쓰세요.

제1과 **숫자** 편

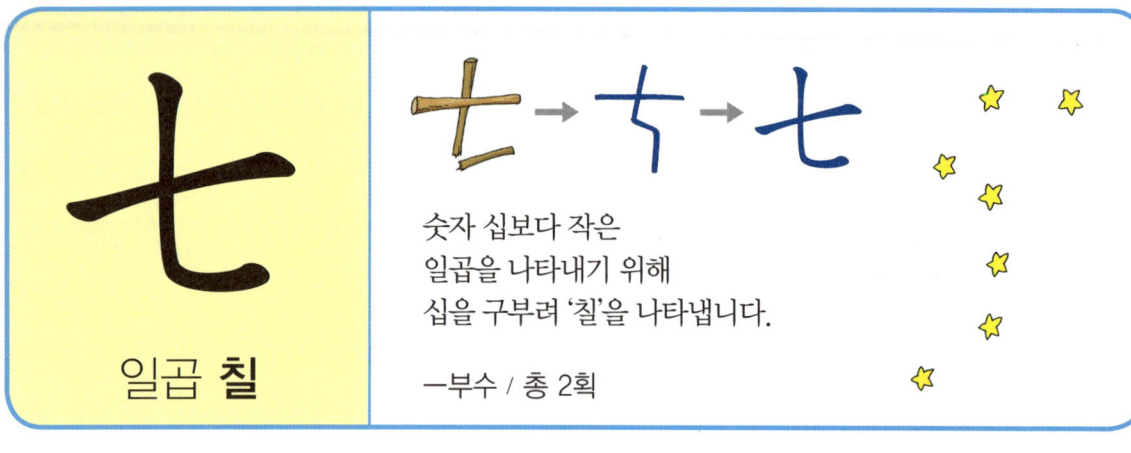

일곱 **칠**

숫자 십보다 작은 일곱을 나타내기 위해 십을 구부려 '칠'을 나타냅니다.

一부수 / 총 2획

✏️ 七이 쓰인 교과서 낱말의 뜻을 알아보아요.

| 교과서 어휘 | **칠**일(七日) : 한 달의 일곱째 날. 이레. | **칠**십(七十) : 일흔. 숫자로 70. |
|---|---|---|
| | **칠**월(七月) : 한 해의 일곱째 달. | **칠**각(七角) : 일곱 개의 각. |

✏️ 쓰는 순서 七 七

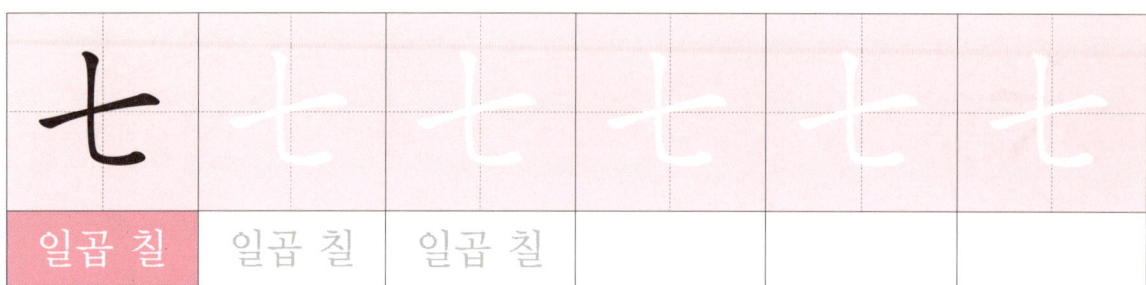

| 七 | 七 | 七 | | | | |
|---|---|---|---|---|---|---|
| 일곱 칠 | 일곱 칠 | 일곱 칠 | | | | |

✏️ 훈(뜻)과 음(소리)을 소리 내어 읽으면서 필순에 따라 쓰세요.

## 제1과 숫자 편

월 일 확인

여덟 팔

양 손가락을 네 개씩 편 모양을 본뜬 글자로, '여덟'을 나타냅니다.

八부수 / 총 2획

✏️ 八이 쓰인 교과서 낱말의 뜻을 알아보아요.

| 교과서 어휘 | |
|---|---|
| 십중**팔**구(十中八九) : 열 중 여덟이나 아홉. | **팔**일(八日) : 한 달의 여덟째 날. |
| **팔**도(八道) : 우리나라의 전국을 달리 부르는 말. | **팔**십(八十) : 여든. |

✏️ 쓰는 순서 八 八

✏️ 훈(뜻)과 음(소리)을 소리 내어 읽으면서 필순에 따라 쓰세요.

제1과 숫자편

아홉 구

숫자 십보다 작은 아홉을 나타내기 위해 십을 구부려서 '구'를 나타냅니다.

乙부수 / 총 2획

📝 九가 쓰인 교과서 낱말의 뜻을 알아보아요.

| 교과서어휘 | 구인(九人) : 아홉 사람. | 구십(九十) : 90의 수. |
|---|---|---|
| | 구월(九月) : 한 해의 아홉째 달. | 구월산(九月山) : 황해도에 있는 산 이름. |

📝 쓰는 순서 九 九

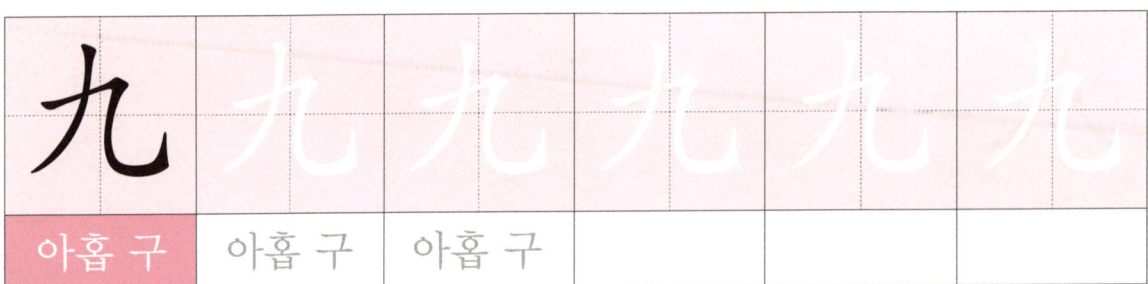

아홉 구 | 아홉 구 | 아홉 구

📝 훈(뜻)과 음(소리)을 소리 내어 읽으면서 필순에 따라 쓰세요.

 제1과 숫자편

열 십

동서남북 사방을 완전히 교차시킨 모양을 본뜬 글자로, 완전한 숫자 '열'을 나타냅니다.

十부수 / 총 2획

✏️ 十이 쓰인 교과서 낱말의 뜻을 알아보아요.

**교과서 어휘**
- 십등(十等) : 순위나 등급에서 열 번째.
- 십일(十日) : 한 달 중 열째 날.
- 십년(十年) : 햇수로 10년.
- 십이월(十二月) : 한 해의 열두 번째 달.

✏️ 쓰는 순서 十 十

✏️ 훈(뜻)과 음(소리)을 소리 내어 읽으면서 필순에 따라 쓰세요.

제1과 숫자편

萬
일만 만

전갈 모양을 본뜬 글자로, 곤충은 무리 지어 산다는 데서 많은 수인 '일만'을 나타냅니다.

艹(=艸)부수 / 총 13획

✏️ 萬이 쓰인 교과서 낱말의 뜻을 알아보아요.

| 교과서 어휘 | |
|---|---|
| 만년(萬年) : 아주 많은 햇수. 오랜 세월. | 만민(萬民) : 모든 백성. |
| 만세(萬歲) : 많은 세월. 경축할 때 외치는 말. | 만국(萬國) : 세계의 모든 나라. |

✏️ 쓰는 순서  萬 萬 萬 萬 萬 萬 萬 萬 萬 萬 萬 萬 萬

| 萬 | 萬 | 萬 | 萬 | 萬 |
|---|---|---|---|---|
| 일만 만 | 일만 만 | 일만 만 | | |

✏️ 훈(뜻)과 음(소리)을 소리 내어 읽으면서 필순에 따라 쓰세요.

| 萬 | 萬 | 萬 | 萬 | 萬 |
|---|---|---|---|---|
| | | | | |

## 기출 및 예상 문제

월 일 확인

숫자

**1** 달력을 보면, 우리가 집에 태극기를 다는 날이 있어요. 국경일이라고 해요.
|보기| 처럼 밑줄 친 국경일을 한자로 써 보세요.

|보기|
1월 1일(一월 一일)

(1) <u>3월 1일</u>은 우리 민족이 일본의 강제적인 식민 통치에 저항하여 독립 만세 운동을 한 날입니다. 유관순 누나가 생각납니다.

　　　　　　　　　　　　　　　　　　　　　월　　　　일

(2) <u>6월 6일</u>은 나라를 위해 목숨을 바친 국군 아저씨들의 넋을 위로하는 날입니다. 많은 사람들이 국립묘지에 갑니다.

　　　　　　　　　　　　　　　　　　　　　월　　　　일

(3) <u>7월 17일</u>은 우리나라의 헌법이 만들어져 발표된 날입니다.
국민들은 그 나라의 법을 잘 지켜야 합니다.

　　　　　　　　　　　　　　　　　　　　　월　　　　일

(4) <u>8월 15일</u>은 광복절, 일본의 지배에서 벗어난 날입니다. 이날 거리에는 태극기를 흔들며 기뻐하던 사람들이 많답니다.

　　　　　　　　　　　　　　　　　　　　　월　　　　일

(5) <u>10월 3일</u>은 우리의 시조인 단군이 우리나라를 처음 만든 날입니다.
하늘이 열린 날이라고 하지요.

　　　　　　　　　　　　　　　　　　　　　월　　　　일

(6) <u>10월 9일</u>은 세종 대왕이 훈민정음을 반포한 것을 기념하는 한글날입니다.
우리는 항상 바른 말, 고운 말을 써야 해요.

　　　　　　　　　　　　　　　　　　　　　월　　　　일

기출 및 예상 문제

**2** 아래 그림을 사다리타기 한 뒤 한자에 맞는 훈(뜻)과 음(소리)을 찾아 번호를 쓰세요.

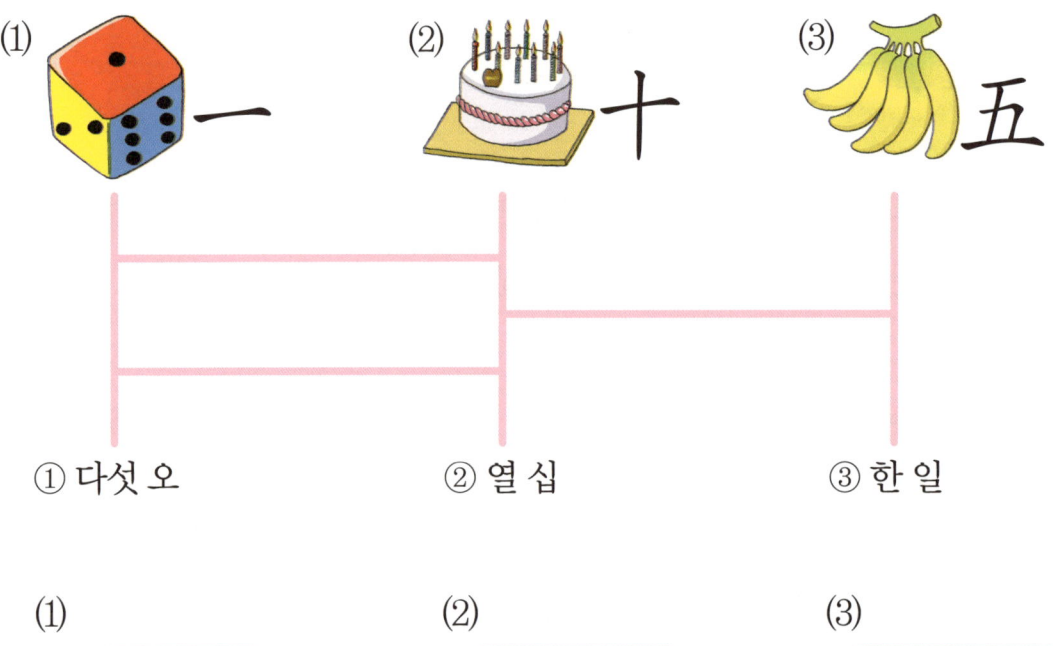

(1) _____   (2) _____   (3) _____

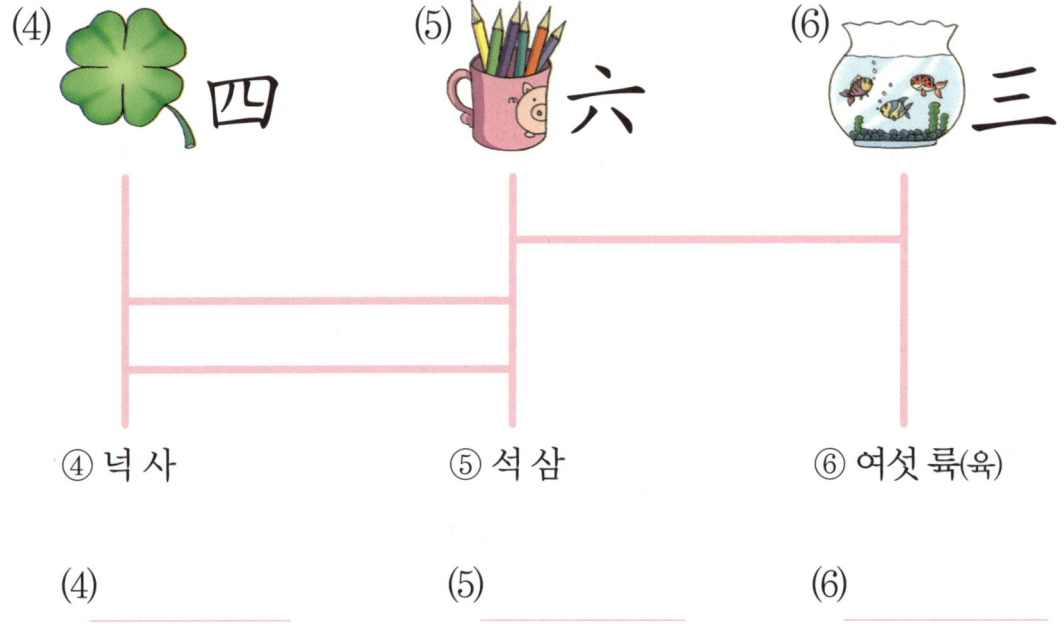

(4) _____   (5) _____   (6) _____

## 기출 및 예상 문제

**3** 아래 한자의 변천 과정을 보고, 관계 있는 한자를 |보기|에서 찾아 번호를 쓰세요.

|보기|
① 八  ② 萬  ③ 九  ④ 四

(1) 숫자 십보다 작은 아홉을 나타내기 위해 십을 구부려서 '구'를 나타냅니다.  (    )

(2) 방을 네 부분으로 나눈 모양을 본뜬 글자  (    )

(3) 양 손가락을 네 개씩 편 모양을 본뜬 글자  (    )

(4) 전갈 모양을 본뜬 글자  (    )

**4** |보기|처럼 밑줄 친 한자의 훈(뜻)과 음(소리)을 쓰세요.

|보기|
영희는 나의 四촌입니다.
(훈 : 넉, 음 : 사)

(1) 一년은 365일입니다.   훈:         음:

## 기출 및 예상 문제

(2) 이번 시험에서 전교 二등을 했습니다.  훈:            음:

(3) 내 동생은 三월이 되면 유치원에 갑니다.  훈:            음:

(4) 교실에 학생 四명이 남아 있습니다.  훈:            음:

(5) 五월에는 어린이날이 있습니다.  훈:            음:

(6) 우리 오빠는 六학년 학생입니다.  훈:            음:

(7) 일주일은 七일입니다.  훈:            음:

(8) 버스에 탄 사람은 모두 八명입니다.  훈:            음:

(9) 운동장에 야구 선수 九명이 있습니다.  훈:            음:

(10) 이 집을 짓는 데 十년이 걸렸습니다.  훈:            음:

(11) 사람들이 萬세를 외칩니다.  훈:            음:

**5** 다음 물음에 답하세요.

(1) 萬 자의 부수를 찾아 답을 적어 보세요. (          )
　　① 十　　② 白　　③ 乙　　④ 艹

## 기출 및 예상 문제

(2) **五** 를 필순대로 기호를 차례로 쓰세요.

**6** 아래는 민희의 3월 달력입니다. 이달에는 민희네 반 친구의 생일과 학교 행사가 많이 있습니다. 물음에 알맞은 답을 쓰세요.

| 일 | 월 | 화 | 수 | 목 | 금 | 토 |
|---|---|---|---|---|---|---|
|  |  |  | 1 삼일절 | 2 영희 생일 | 3 | 4 |
| 5 | 6 개교기념일 | 7 | 8 | 9 | 10 | 11 |
| 12 | 13 | 14 | 15 선생님 생일 | 16 | 17 | 18 |
| 19 | 20 | 21 체육 대회 | 22 | 23 | 24 철수 생일 | 25 야외 체험 학습 하는 날 |
| 26 | 27 쪽지 시험 보는 날 | 28 | 29 | 30 | 31 봄 소풍 |  |

(1) 민희네 학교가 문을 연 날(개교기념일)은 3월 <u>6</u>일입니다.
밑줄 친 날짜를 한자로 쓰세요.                                   월        일

(2) 3월 21일은 학교 체육 대회입니다. 한자로는 <u>三</u>월 二十一일이라고 씁니다.
밑줄 친 한자의 훈(뜻)을 쓰세요.                                          훈:

기출 및 예상 문제     월   일  확인

(3) 쪽지 시험 보는 날은 3월 <u>二十七</u>일입니다.
　　밑줄 친 한자의 독음(소리)을 쓰세요.
　　　　　　　　　　　　　　　　　　　　　　음:

(4) 3월 15일은 선생님 생일입니다. 생일날을 한자로 쓰면 三월 十<u>五</u>일입니다.
　　밑줄 친 한자의 훈(뜻)을 쓰세요.
　　　　　　　　　　　　　　　　　　　　　　훈:

(5) 3월 <u>25</u>일 토요일은 야외 체험 학습 하는 날입니다. 부모님과 함께
　　박물관, 강가, 뒷산으로 즐거운 체험 공부를 하러 떠나 보세요.
　　밑줄 친 날짜를 한자로 쓰세요.　　　　　(　　　　　　　)

(6) 우아, 기다리던 봄 소풍! 3월의 마지막 날입니다.
　　三十<u>一</u>에서 밑줄 친 한자의 훈(뜻)과 음(소리)을 쓰세요.
　　　　　　　　　　　　　　　　　　훈:　　　　음:

 제2과 **요일**편　　　월　　일　확인

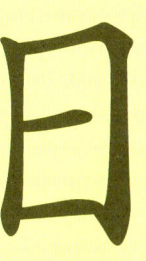
날/해 **일**

해의 모양을 본떠 만든 글자로, '날', '해'를 나타냅니다.

日부수 / 총 4획

📝 日이 쓰인 교과서 낱말의 뜻을 알아보아요.

| 교과서 어휘 | |
|---|---|
| 일주일(一週日) : 한 주간으로 칠 일간. | 생일(生日) : 태어난 날. |
| 한일(韓日) : 한국과 일본. | 일월(日月) : 해와 달. |

📝 쓰는 순서

📝 훈(뜻)과 음(소리)을 소리 내어 읽으면서 필순에 따라 쓰세요.

제2과 **요일**편 　월　일 확인

## 月
**달 월**

月 → 月 → 月

달의 모양을 본떠 만든 글자로, '달(월)'을 나타냅니다.

月부수 / 총 4획

✏️ 月이 쓰인 교과서 낱말의 뜻을 알아보아요.

| 교과서 어휘 | |
|---|---|
| **일월**(日月) : 해와 달. | **월중**(月中) : 그달 동안. |
| **월말**(月末) : 그달의 끝 무렵. | **삼월**(三月) : 세 번째 달. |

✏️ 쓰는 순서 月 月 月 月

| 月 | 月 | 月 | | | |
|---|---|---|---|---|---|
| 달 월 | 달 월 | 달 월 | | | |

✏️ 훈(뜻)과 음(소리)을 소리 내어 읽으면서 필순에 따라 쓰세요.

| 月 | 月 | 月 | 月 | 月 | 月 |
|---|---|---|---|---|---|
| | | | | | |

제2과 **요일**편

월 일 확인

불 화

타오르는 불꽃 모양을 본뜬 글자로, '불'을 나타냅니다.

火부수 / 총 4획

📝 火가 쓰인 교과서 낱말의 뜻을 알아보아요.

| 교과서 어휘 | |
|---|---|
| 화재(火災) : 불이 나는 재앙. | 소화기(消火器) : 불을 끄는 데 쓰는 기구. |
| 화목(火木) : 땔나무. | 화산(火山) : 땅속의 마그마가 터져 나와 쌓여서 된 산. |

📝 쓰는 순서 火 火 火 火

📝 훈(뜻)과 음(소리)을 소리 내어 읽으면서 필순에 따라 쓰세요.

제2과 **요일**편

물 수

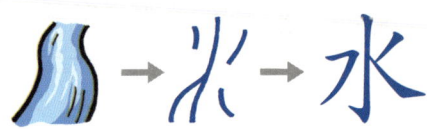

흘러가는 물줄기를 본뜬 글자로, '물'을 나타냅니다.

水부수 / 총 4획

✏️ 水가 쓰인 교과서 낱말의 뜻을 알아보아요.

| 교과서 어휘 | 수군(水軍) : 바다를 지키는 군대. | 생수(生水) : 샘에서 바로 나온 물. |
|---|---|---|
| | 수영(水泳) : 물에서 헤엄치는 일. | 수문(水門) : 물의 흐름을 막거나 수량을 조절하는 문. |

✏️ 쓰는 순서 水 水 水 水

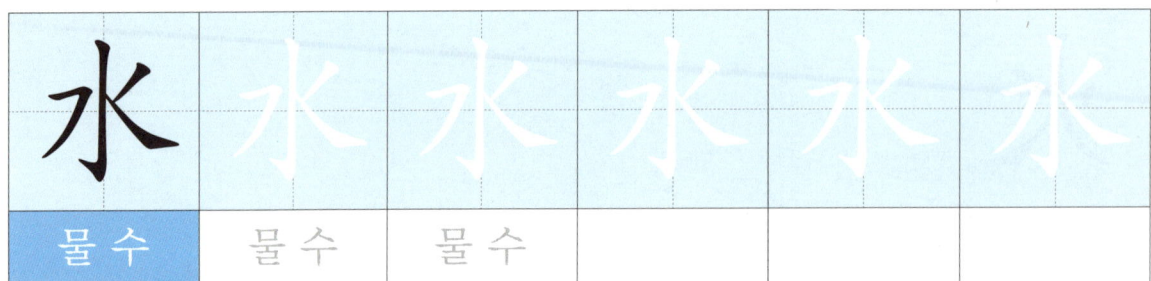

✏️ 훈(뜻)과 음(소리)을 소리 내어 읽으면서 필순에 따라 쓰세요.

제2과 **요일**편

월 일 확인

나무 **목**

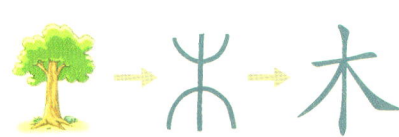

나무가 서 있는 모양을 본뜬 글자로, '나무'를 나타냅니다.

木부수 / 총 4획

📝 木이 쓰인 교과서 낱말의 뜻을 알아보아요.

교과서 어휘
- **목금**(木金) : 나무와 쇠.
- **목문**(木門) : 나무로 된 문.
- **목마**(木馬) : 나무로 만든 장난감 말.
- **목수**(木手) : 나무로 집이나 가구 만드는 일이 직업인 사람.

📝 쓰는 순서

📝 훈(뜻)과 음(소리)을 소리 내어 읽으면서 필순에 따라 쓰세요.

제2과 **요일** 편

월 일 확인

쇠 금 / 성씨 김

광산의 금덩이가 반짝이는 모양을 본뜬 글자로, '쇠(금)'를 나타냅니다.

金부수 / 총 8획

📝 金이 쓰인 교과서 낱말의 뜻을 알아보아요.

교과서 어휘
- 금광(金光) : 금의 빛.
- 금은(金銀) : 금과 은.
- 백금(白金) : 은백색이 나는 금.
- 금화(金貨) : 금으로 만든 돈.

📝 쓰는 순서 金 金 金 金 金 金 金 金

| 金 | 金 | 金 | 金 | 金 |
|---|---|---|---|---|
| 쇠 금 | 쇠 금 | 쇠 금 | | |

📝 훈(뜻)과 음(소리)을 소리 내어 읽으면서 필순에 따라 쓰세요.

| 金 | 金 | 金 | 金 | 金 |
|---|---|---|---|---|
| | | | | |

## 제2과 요일편

흙 토

흙 위에 솟아오른 새싹의 모양을 본뜬 글자로, '흙'을 나타냅니다.

土부수 / 총 3획

📝 土가 쓰인 교과서 낱말의 뜻을 알아보아요.

| 교과서 어휘 | 토민(土民) : 그 땅에서 대대로 살고 있는 사람들. | 토산(土山) : 흙으로만 이루어진 산. |
| | 영토(領土) : 그 나라가 가지고 있는 땅. | 토지(土地) : 땅, 흙. |

📝 쓰는 순서  ㅗ ㅗ 土

📝 훈(뜻)과 음(소리)을 소리 내어 읽으면서 필순에 따라 쓰세요.

기출 및 예상 문제

월 일 확인

**1** 아래 그림을 보고 한자에 맞는 훈(뜻)과 음(소리)을 연결해 보세요.

(1) 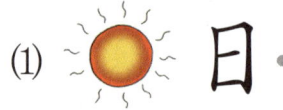 ① 나무 목

(2)  ② 달 월

(3)  ③ 날 / 해 일

(4)  ④ 쇠 금 / 성씨 김

(5)  ⑤ 불 화

(6)  ⑥ 물 수

**2** 아래 밑줄 친 글자는 같은 한자이지만, 훈(뜻)과 음(소리)이 달라 다양하게 사용됩니다. 예문을 읽고 공통적으로 들어갈 한자를 쓰세요.    (          )

> 어머니의 반지는 금으로 만들어졌습니다.
> 쇠는 불에 잘 녹습니다.
> 우리 반에는 김씨 성을 가진 친구들이 많습니다.
> 김구 선생님은 훌륭한 독립운동가입니다.

**3** 아래 빈 칸에 알맞은 요일을 순서에 따라 한자로 써 보세요.

| 水 요일 | (1) ( ) 요일 | (2) ( ) 요일 | 土 요일 | (3) ( ) 요일 | 月 요일 | (4) ( ) 요일 |
|---|---|---|---|---|---|---|

※ 요일(曜日) : 한 주일의 각 날을 이르는 말. 예) 일요일(日曜日)

**4** 아래 한자의 훈(뜻)과 음(소리)을 쓰세요.

| 문 제 | 훈(뜻) | 음(소리) |
|---|---|---|
| (1) 한日은 한국과 일본을 말합니다. | | |
| (2) 해와 달을 일月이라고 합니다. | | |
| (3) 건조한 날씨에는 火재가 발생하기 쉽습니다. | | |
| (4) 이순신 장군은 水군을 지휘하던 장수였습니다. | | |
| (5) 우리 할아버지는 木수입니다. | | |
| (6) 철수의 앞니는 金처럼 빛납니다. | | |
| (7) 그 土지는 비옥합니다. | | |

기출 및 예상 문제    월   일   확인

**5** 다음은 어떤 한자에 대한 설명입니다. 관계 있는 한자를 이어 보세요.

(1)  흙 위에 솟아오른 새싹을 나타낸 글자     ① 火

(2) 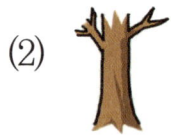 나무 모양을 나타낸 글자     ② 木

(3)  타오르는 불꽃을 나타낸 글자     ③ 土

(4)  광산의 금덩이를 나타낸 글자     ④ 金

**6** ( ) 안에 알맞은 말을 |보기|에서 골라 번호를 쓰세요.

| 보기 |
| --- |
| ① 토   ② 날/해   ③ 화   ④ 물   ⑤ 달   ⑥ 목 |
| ⑦ 금/김   ⑧ 水   ⑨ 火   ⑩ 月   ⑪ 日   ⑫ 金 |

(1) 水는 (   )이라는 뜻입니다.   (2) 日은 (   )이라는 뜻입니다.

(3) 金은 (   )이라고 읽습니다.   (4) 火는 (   )라고 읽습니다.

(5) 月은 (   )이라는 뜻입니다.   (6) 木은 (   )이라고 읽습니다.

기출 및 예상 문제

요일

(7) 土는 (　　) 라고 읽습니다.

(8) 날이라는 뜻으로, 일이라는 음을 가진 한자는 (　　) 입니다.

(9) 사람이 살아가는 데 없어서는 안 되는 소중한 것 중의 하나가 바로 물입니다. 물을 나타내는 한자는 (　　) 입니다.

(10) 달이라는 뜻으로, 월이라는 음을 가진 한자는 (　　) 입니다.

(11) 불이라는 뜻으로, 화라는 음을 가진 한자는 (　　) 입니다.

**7** 다음 물음에 알맞은 답을 │보기│에서 골라 번호를 쓰세요.

│보기│
① 日　② 火　③ 水　④ 十　⑤ 土　⑥ 月

(1) 水(물 수) 자의 부수는 무엇일까요? (　　)

(2) 日(날/해 일) 자의 부수는 무엇일까요? (　　)

**8** 다음 물음에 답을 적어 보세요.

(1) 火 를 필순대로 기호를 차례로 쓰세요.

(2) 金 을 필순대로 쓸 경우, 5획에 해당되는 곳은 어디일까요?

 제3과 **가족과 사람**편　　월　　일　확인

# 父
**아버지 부**

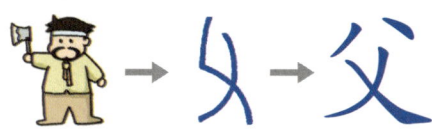

손에 도끼를 들고 일하는 아버지의 모습을 본뜬 글자로, '아버지'를 나타냅니다.

父부수 / 총 4획

✏️ 父가 쓰인 교과서 낱말의 뜻을 알아보아요.

교과서 어휘

**부**모(父母) : 아버지와 어머니.　　　**부**녀(父女) : 아버지와 딸.
**부**자(父子) : 아버지와 아들.　　　학**부**모(學父母) : 학생들의 부모.

✏️ 쓰는 순서　父 父 父 父

| 父 | 父 | 父 | 父 | 父 | 父 | 父 |
|---|---|---|---|---|---|---|
| 아버지 부 | 아버지 부 | 아버지 부 | | | | |

✏️ 훈(뜻)과 음(소리)을 소리 내어 읽으면서 필순에 따라 쓰세요.

|   |   |   |   |   |   |   |
|---|---|---|---|---|---|---|
| 父 | 父 | 父 | 父 | 父 | 父 | 父 |
|   |   |   |   |   |   |   |

## 제3과 가족과 사람 편

월 　 일 　 확인

어머니 모

어머니가 아이에게 젖을 먹이는 모양을 본뜬 글자로, '어머니'를 나타냅니다.

母부수 / 총 5획

▍母가 쓰인 교과서 낱말의 뜻을 알아보아요.

교과서 어휘

모자(母子) : 어머니와 아들.
모녀(母女) : 어머니와 딸.
모교(母校) : 내가 다닌 학교.
생모(生母) : 나를 낳아 주신 어머니.

▍쓰는 순서

| 母 | | | | |
|---|---|---|---|---|
| 어머니 모 | 어머니 모 | 어머니 모 | | |

▍훈(뜻)과 음(소리)을 소리 내어 읽으면서 필순에 따라 쓰세요.

| | | | | |
|---|---|---|---|---|
| | | | | |
| | | | | |

## 제3과 가족과 사람 편

□ 월 □ 일 확인 □

兄
맏 형

口 + 儿 → 兄

口(입 구) 자와 儿(어진사람 인) 자가 합쳐진 글자로, 동생보다 먼저 걷고 먼저 말하는 사람이라는 데서 '형'을 나타냅니다.

儿부수 / 총 5획

✏️ 兄이 쓰인 교과서 낱말의 뜻을 알아보아요.

**교과서 어휘**
- 형부(兄夫) : 언니의 남편.
- 학부형(學父兄) : 학생의 부모와 형제.
- 학형(學兄) : 함께 공부하는 사람.
- 형제(兄弟) : 형과 남동생을 아울러 이르는 말.

✏️ 쓰는 순서  兄 兄 兄 兄 兄

| 兄 | 兄 | 兄 | 兄 | 兄 | 兄 |
|---|---|---|---|---|---|
| 맏 형 | 맏 형 | 맏 형 | | | |

✏️ 훈(뜻)과 음(소리)을 소리 내어 읽으면서 필순에 따라 쓰세요.

| 兄 | 兄 | 兄 | 兄 | 兄 | 兄 |
|---|---|---|---|---|---|
| | | | | | |

## 제3과 가족과 사람 편

☐ 월 ☐ 일 확인 ☐

아우 제

막대기에 줄을 감아 내려 형제간의 순서를 나타낸 데서 아래에 있는 '동생'을 나타냅니다.

弓부수 / 총 7획

가족과 사람

✏ 弟가 쓰인 교과서 낱말의 뜻을 알아보아요.

**교과서 어휘**

자제(子弟) : 남의 아들을 높여서 부르는 말.
제자(弟子) : 스승에게 지식이나 기술을 배우는 사람.
사형제(四兄弟) : 아들이 네 명.
사제(師弟) : 스승과 제자.

✏ 쓰는 순서  弟 弟 弟 弟 弟 弟 弟

| 弟 | | | | | |
|---|---|---|---|---|---|
| 아우 제 | 아우 제 | 아우 제 | | | |

✏ 훈(뜻)과 음(소리)을 소리 내어 읽으면서 필순에 따라 쓰세요.

| | | | | | |
|---|---|---|---|---|---|
| | | | | | |
| | | | | | |

 제3과 **가족과 사람**편 　월　일　확인

 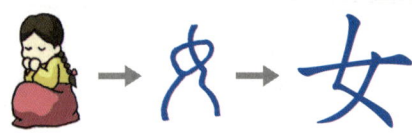

여자가 손을 모으고 앉아 있는 모습을 본뜬 글자로, '여자'를 나타냅니다.

女부수 / 총 3획

여자 녀(여)

✏️ 女가 쓰인 교과서 낱말의 뜻을 알아보아요.

| 교과서 어휘 | | |
|---|---|---|
| **여**고(女高) : 여학생만 다니는 고등학교. | **여**왕(女王) : 여자 임금. |
| 장**녀**(長女) : 큰딸이나 맏딸. | **여**대(女大) : 여자 대학. |

✏️ 쓰는 순서　女 女 女

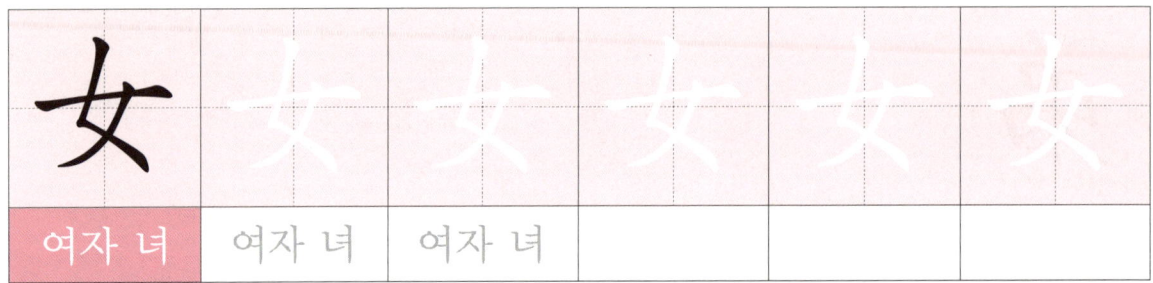

| 女 | 女 | 女 | | | |
|---|---|---|---|---|---|
| 여자 녀 | 여자 녀 | 여자 녀 | | | |

✏️ 훈(뜻)과 음(소리)을 소리 내어 읽으면서 필순에 따라 쓰세요.

### 제3과 가족과 사람 편

월 일 확인

사람 인

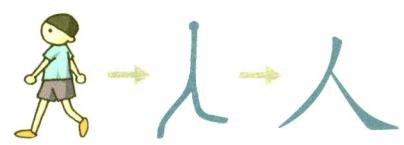

서 있는 사람의 옆모습을 본뜬 글자로, '사람'을 나타냅니다.

人부수 / 총 2획

✏ 人이 쓰인 교과서 낱말의 뜻을 알아보아요.

| 교과서 어휘 | |
|---|---|
| 인생(人生) : 사람이 세상을 살아가는 일. | 인간(人間) : 사람. |
| 군인(軍人) : 군대에 들어가 주어진 일을 하는 사람. | 만인(萬人) : 모든 사람. |

✏ 쓰는 순서

✏ 훈(뜻)과 음(소리)을 소리 내어 읽으면서 필순에 따라 쓰세요.

제3과 **가족과 사람**편

 월  일 확인

마디 촌

손가락 마디와 맥 짚는 곳을 본뜬 글자로, '마디'를 나타냅니다.

寸부수 / 총 3획

✏️ 寸이 쓰인 교과서 낱말의 뜻을 알아보아요.

| 교과서 어휘 | |
|---|---|
| **촌수**(寸數) : 친족 사이의 관계를 나타내는 수. | **촌토**(寸土) : 얼마 안 되는 땅. |
| **외삼촌**(外三寸) : 어머니의 남자 형제. | **고종사촌**(姑從四寸) : 고모의 자녀. |

✏️ 쓰는 순서 寸 寸 寸

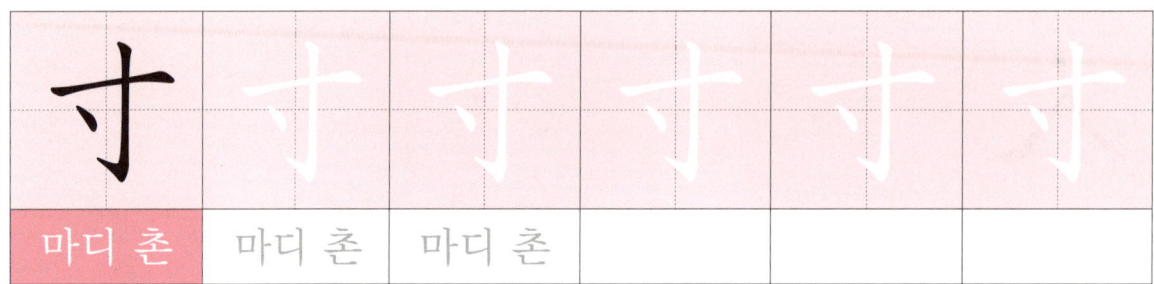

| 寸 | 寸 | 寸 | | | | |
|---|---|---|---|---|---|---|
| 마디 촌 | 마디 촌 | 마디 촌 | | | | |

✏️ 훈(뜻)과 음(소리)을 소리 내어 읽으면서 필순에 따라 쓰세요.

| 寸 | 寸 | 寸 | 寸 | 寸 | 寸 | 寸 |
|---|---|---|---|---|---|---|
| | | | | | | |
| | | | | | | |

기출 및 예상 문제  월  일  확인

**1** 사다리타기 게임을 해 볼까요? 이미지에 맞는 훈(뜻)과 음(소리)을 찾아보고 해당되는 번호를 쓰세요.

 기출 및 예상 문제    월   일  확인

**2** 서로 관계 있는 한자를 |보기|에서 찾아 그 번호를 쓰세요.

| 보기 |

① 弟    ② 母    ③ 寸    ④ 女

(1) 어머니가 아이에게 젖을
먹이는 모양을 본뜬 글자 ────────── ( )

(2) 앉아 있는 여자를
나타낸 글자 ────────── ( )

(3) 막대기에 줄을 감아 내려 형제간의 순서를
나타낸 것으로, 동생을 뜻하는 글자 ────────── ( )

(4) 손가락 마디와
맥 짚는 곳을 나타낸 글자 ────────── ( )

**3** 한자에 알맞은 독음(1~7)이나 뜻(8~11)을 쓰세요.

| 보기 |

十一(십일), 十一(열하고 하나)

기출 및 예상 문제

(1) 우리 兄(　　) 은 초등학교 육학년입니다.

(2) 우리 兄弟(　　　)는 쌍둥이입니다.

(3) 아버지와 딸 사이를 父女(　　　)라고 부릅니다.

(4) 父母(　　　)님의 은혜는 하늘과 같습니다.

(5) 한 女人(　　　)이 공원에 앉아 있습니다.

(6) 우리 三寸(　　　)은 대학생이 되었습니다.

(7) '四寸(　　　)이 땅을 사면 배가 아프다.'는 속담이 있습니다.

(8) 父母는 (　　　)와 (　　　)를 부르는 말입니다.

(9) 兄弟는 (　　　)과 (　　　)를 함께 가리키는 호칭입니다.

(10) '父女가 참 정답다.'는 말은 (　　　)와 (　　　)이 사이가 좋다는 칭찬입니다.

(11) '母女가 닮았다.'는 말은 (　　　)와 (　　　)의 생김새가 비슷하다는 말입니다.

### 기출 및 예상 문제

**4** 물음에 알맞은 답을 쓰세요.

(1)  母 를 필순대로 쓸 경우, 세 번째 획에 해당되는 곳은 어디일까요?

(2)  弟 를 필순대로 쓸 경우, 다섯 번째 획에 해당되는 곳은 어디일까요?

**5** 다음은 영희네 가족을 보기 쉽게 정리한 가계도입니다. 그림을 보고 물음에 알맞은 답을 쓰세요.

| 보기 |

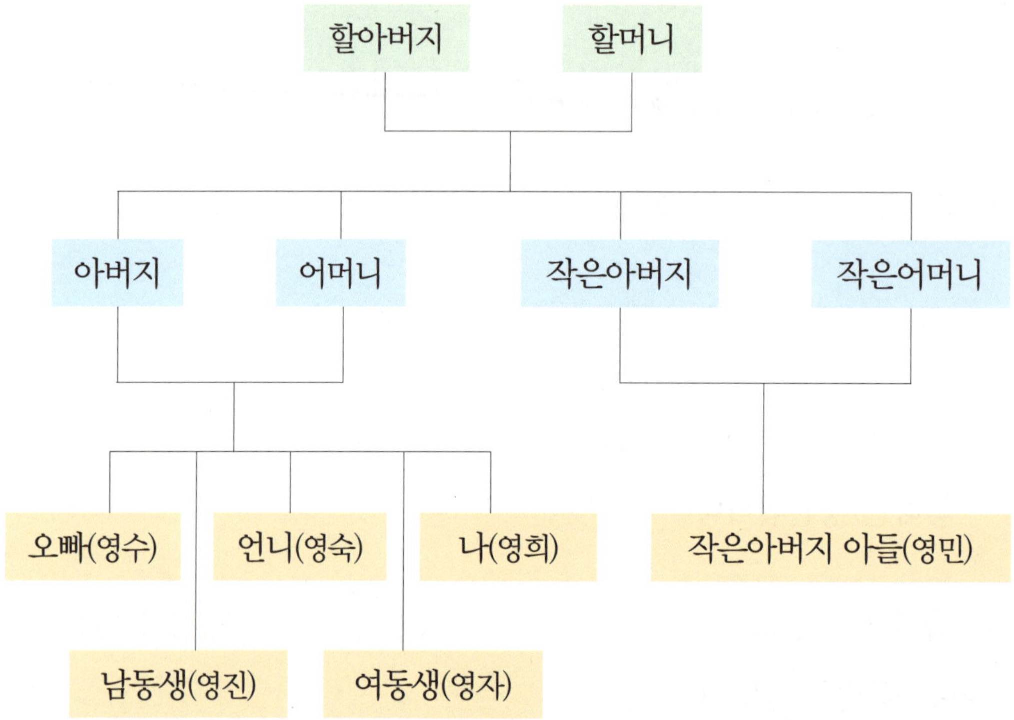

- 할아버지 — 할머니
  - 아버지 — 어머니
    - 오빠(영수)
    - 언니(영숙)
    - 나(영희)
    - 남동생(영진)
    - 여동생(영자)
  - 작은아버지 — 작은어머니
    - 작은아버지 아들(영민)

기출 및 예상 문제

월    일    확인

(1) 할아버지와 할머니는 아버지의 부모님입니다. 밑줄 친 글자를 한자로 쓰세요.

(2) 영수는 영진이의 형입니다. 밑줄 친 글자를 한자로 쓰세요.

(3) 영수와 영진이를 형제라고 합니다. 밑줄 친 글자를 한자로 쓰세요.

(4) 작은아버지는 영희의 삼촌입니다. 밑줄 친 글자를 한자로 쓰세요.

(5) 영희와 작은아버지의 아들 영민은 사촌입니다. 밑줄 친 글자를 한자로 쓰세요.

(6) 아버지와 오빠 영수는 부자 사이라고 부릅니다. 밑줄 친 글자를 한자로 쓰세요.

(7) 어머니와 여동생 영자는 모녀 사이라고 합니다. 밑줄 친 글자를 한자로 쓰세요.

**6** 왼쪽 편은 부수 글자입니다. 부수에 해당하는 한자를 이어 보세요.

(1) 儿 ・　　　　　・① 兄

(2) 父 ・　　　　　・② 弟

(3) 弓 ・　　　　　・③ 寸

(4) 母 ・　　　　　・④ 母

(5) 寸 ・　　　　　・⑤ 女

(6) 女 ・　　　　　・⑥ 父

## 제4과 위치와 방향 편

월 일 확인

# 東
### 동녘 동

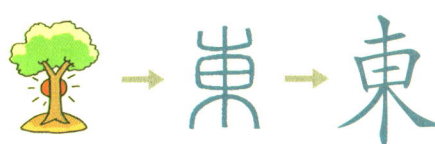

아침에 떠오른 해가 나뭇가지에 걸린 모양을 본뜬 글자로, '동쪽'을 나타냅니다.

木부수 / 총 8획

✏️ 東이 쓰인 교과서 낱말의 뜻을 알아보아요.

| 교과서 어휘 | |
|---|---|
| **동**방(東方) : 동쪽 방향, 또는 동쪽의 지방. | **동**산(東山) : 동쪽에 있는 산. |
| **동**문(東門) : 동쪽으로 난 문. | 중**동**(中東) : 동양의 가운데 지역. |

✏️ 쓰는 순서  東 東 東 東 東 東 東 東

| 東 | | | | |
|---|---|---|---|---|
| 동녘 동 | 동녘 동 | 동녘 동 | | |

✏️ 훈(뜻)과 음(소리)을 소리 내어 읽으면서 필순에 따라 쓰세요.

 제4과 **위치와 방향** 편

# 西
### 서녘 서

해가 지는 저녁 무렵 새가 돌아온 둥지의 모양을 본뜬 글자로, '서쪽'을 나타냅니다.

襾 부수 / 총 6획

📝 西가 쓰인 교과서 낱말의 뜻을 알아보아요.

교과서 어휘

동**서**(東西) : 동쪽과 서쪽, 또는 동양과 서양.
**서**방(西方) : 서쪽 방향, 또는 서방 국가의 준말.
**서**학(西學) : 서양의 학문.
**서**문(西門) : 서쪽의 대문.

📝 쓰는 순서 西 西 西 西 西 西

| 西 | 西 | 西 | 西 | 西 | 西 |
|---|---|---|---|---|---|
| 서녘 서 | 서녘 서 | 서녘 서 | | | |

📝 훈(뜻)과 음(소리)을 소리 내어 읽으면서 필순에 따라 쓰세요.

| 西 | 西 | 西 | 西 | 西 | 西 |
|---|---|---|---|---|---|
| | | | | | |

제4과 **위치와 방향** 편

월 일 확인

# 南
**남녘 남**

따뜻한 남쪽 지방에서 풀이 자라는 모습을 본뜬 글자로, '남쪽'을 나타냅니다.

十부수 / 총 9획

**위치와 방향**

▪ 南이 쓰인 교과서 낱말의 뜻을 알아보아요.

교과서 어휘

남도(南道) : 남쪽 지방에 있는 도시.
남북(南北) : 남쪽과 북쪽.
남산(南山) : 남쪽에 있는 산.
남한(南韓) : 남북으로 갈라진 한국의 남쪽 땅.

▪ 쓰는 순서  南 南 南 南 南 南 南 南 南

| 南 | | | | | |
|---|---|---|---|---|---|
| 남녘 남 | 남녘 남 | 남녘 남 | | | |

▪ 훈(뜻)과 음(소리)을 소리 내어 읽으면서 필순에 따라 쓰세요.

| | | | | | |
|---|---|---|---|---|---|
| | | | | | |
| | | | | | |

제4과 **위치와 방향** 편

월 일 확인

# 北
### 북녘 북

두 사람이 등을 맞대고 있는 모습을 본뜬 글자로, '북쪽'을 나타냅니다.

匕부수 / 총 5획

✏️ 北이 쓰인 교과서 낱말의 뜻을 알아보아요.

| 교과서 어휘 | |
|---|---|
| **북**극(北極) : 지구 자전축의 북쪽 끝 지점. | **북**군(北軍) : 북쪽 군대. |
| **북**상(北上) : 북쪽으로 올라감. | 동**북**(東北) : 동쪽과 북쪽. |

✏️ 쓰는 순서  北 北 北 北 北

| 北 | 北 | 北 | | | |
|---|---|---|---|---|---|
| 북녘 북 | 북녘 북 | 북녘 북 | | | |

✏️ 훈(뜻)과 음(소리)을 소리 내어 읽으면서 필순에 따라 쓰세요.

| | | | | | |
|---|---|---|---|---|---|
| | | | | | |

제4과 **위치와 방향** 편

월 일 확인

바깥 외

夕 + 卜 → 外

저녁에 거북의 등에 점을 치면 금이 밖으로 나간다는 데서, '바깥'을 나타냅니다.

夕부수 / 총 5획

위치와 방향

▪ 外가 쓰인 교과서 낱말의 뜻을 알아보아요.

교과서 어휘

외가(外家) : 어머니의 부모가 사는 집.
외모(外貌) : 겉으로 드러나 보이는 모습.
외인(外人) : 한 집단, 한 단체 밖의 사람.
외국(外國) : 자기 나라가 아닌 다른 나라.

▪ 쓰는 순서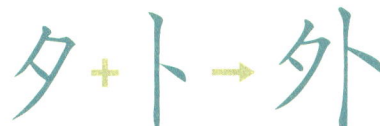

▪ 훈(뜻)과 음(소리)을 소리 내어 읽으면서 필순에 따라 쓰세요.

# 제4과 **위치와 방향** 편

월 일 확인

메(산) **산**

산봉우리의 모양을 본뜬 글자로, '산'을 나타냅니다.

山부수 / 총 3획

✏️ 山이 쓰인 교과서 낱말의 뜻을 알아보아요.

| 교과서 어휘 | |
|---|---|
| **산**수(山水) : 산과 물로, 자연을 나타냄. | **산**중(山中) : 산속. |
| 등**산**(登山) : 산에 올라감. | **산**가(山家) : 산속에 있는 집. |

✏️ 쓰는 순서　山　山　山

| 山 | 山 | 山 | | | |
|---|---|---|---|---|---|
| 메 산 | 메 산 | 메 산 | | | |

✏️ 훈(뜻)과 음(소리)을 소리 내어 읽으면서 필순에 따라 쓰세요.

| 山 | 山 | 山 | 山 | 山 | 山 |
|---|---|---|---|---|---|
| | | | | | |

## 기출 및 예상 문제

**1** 우리 집은 방향이 어디일까? 우리 학교는 어느 쪽에 있을까? 모두 방향을 알아야 말할 수 있지요. 동, 서, 남, 북 네 방향을 나타내는 한자에 대해 알아볼까요?

(1) 동쪽을 나타내는 한자인 '東'의 훈(뜻)과 음(소리)을 쓰세요.

훈:        음:

(2) 서쪽이라는 뜻을 가지고 '서'라고 읽는 한자를 쓰세요.

(3) 남쪽을 뜻하는 한자를 쓰세요.

(4) 남쪽과 반대 방향은 북쪽입니다. '北'의 훈(뜻)과 음(소리)을 쓰세요.

훈:        음:

**2** 다음은 어떤 한자에 대해 설명한 글입니다. 관계 있는 한자를 |보기|에서 찾아 그 번호를 쓰세요.

| 보기 |
① 北    ② 東    ③ 南    ④ 外

(1)  저녁에 거북의 등에 점을 치면
금이 밖으로 나간다는 데서 생긴 글자          (        )

기출 및 예상 문제

(2) 두 사람이 등을 맞대고
있는 모습을 나타낸 글자 ──────── (    )

(3) 따뜻한 남쪽 지방에서
풀이 자라는 모습을 나타낸 글자 ──────── (    )

(4) 나뭇가지에 걸린 동쪽 하늘의
아침 해를 나타낸 글자 ──────── (    )

**3** 아래 밑줄 친 낱말에 어울리는 한자를 써 보세요.

(1) <u>서</u>산으로 해가 집니다. <u>서</u>양 사람들은 코가 큽니다.


(2) 부모님은 자주 등산을 가십니다. <u>남</u>산에 가면 도서관도 있고,
식물원도 있습니다.


(3) 겨울에는 바깥 공기가 찹니다. 사람들은 <u>외</u>모에 관심이 많습니다.


(4) 나침반에는 <u>동</u>서남북이 표시되어 있습니다. <u>동</u>대문은 아주 큽니다.

기출 및 예상 문제     월   일  확인

**4** 공통으로 쓰인 한자의 뜻을 써 보세요.

(1) 서울에는 北한산이 있습니다. 남北의 어린이들이 한자리에 모였습니다.

(2) 東쪽에 있는 바다를 동해라고 합니다. 동쪽에서 부는 바람을 東풍이라고 합니다.

(3) 山에 갈 때는 언제나 산불 조심! 아버지를 따라 등山을 갔습니다.

**5** 아래 (    ) 안에 알맞은 말을 |보기|에서 골라 번호를 쓰세요.

| 보기 |
① 서녘   ② 동   ③ 외   ④ 북   ⑤ 남녘   ⑥ 산   ⑦ 안

(1) 西는 (      )이라는 뜻입니다.

(2) 山은 (      )이라고 읽습니다.

(3) 東은 (      )이라고 읽습니다.

 기출 및 예상 문제　월　일　확인

(4) 外는 (　　　)라고 읽습니다.

(5) 南은 (　　　)이라는 뜻입니다.

(6) 北은 (　　　)이라고 읽습니다.

**6** 아래 그림을 보고 한자에 맞는 훈(뜻)과 음(소리)을 연결해 보세요.

(1)  外 ·　　　　· ① 서녘 서

(2)  東 ·　　　　· ② 바깥 외

(3)  北 ·　　　　· ③ 동녘 동

(4)  山 ·　　　　· ④ 메 산

(5)  西 ·　　　　· ⑤ 북녘 북

 기출 및 예상 문제

**7** 다음 물음에 답하세요.

(1) 東 자의 부수를 아래에서 찾아 그 번호를 쓰세요. (   )
　① 夕　　② 山　　③ 十　　④ 木

(2) 南 을 필순대로 기호를 차례로 쓰세요.

**8** 아래 물음에 알맞은 답을 |보기|에서 골라 번호를 쓰세요.

|보기|
　① 東　② 南　③ 山　④ 外　⑤ 內　⑥ 西　⑦ 北

(1) '동녘 동' 한자는?　　　　　　　　　　　　　　　(　　)

(2) 동쪽과 서쪽을 나타내는 '동서'라는 한자는?　　　(　　)

(3) 남쪽에 위치한 산을 나타내는 '남산'이라는 한자는?　(　　)

(4) '북녘'이라는 뜻을 가진 한자는?　　　　　　　　　(　　)

(5) '남북'에 해당하는 한자는?　　　　　　　　　　　(　　)

(6) 지도를 보면 동서남북이 표시되어 있습니다.
　　'동서남북'에 해당하는 한자는?　　　　　　　　　(　　)

(7) '외출, 외모, 외투' 등에 공통적으로 사용되는 한자는?　(　　)

## 제5과 나라와 크기 편

월 일 확인

큰(크다) 대

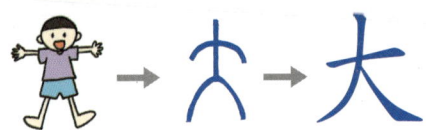

팔과 다리를 벌리고 크게 누워 있는 사람의 모습을 본뜬 글자로, '크다'라는 뜻을 나타냅니다.

大부수 / 총 3획

✏️ 大가 쓰인 교과서 낱말의 뜻을 알아보아요.

| 교과서어휘 | 대문(大門) : 큰 문. 집의 정문.<br>대왕(大王) : 왕의 높임말. | 대국(大國) : 크고 세력이 강한 나라.<br>대상(大賞) : 경연 대회 등에서 가장 큰 상. |

✏️ 쓰는 순서  大 大 大

| 大 | 大 | 大 | 大 | 大 | 大 |
|---|---|---|---|---|---|
| 큰 대 | 큰 대 | 큰 대 | | | |

✏️ 훈(뜻)과 음(소리)을 소리 내어 읽으면서 필순에 따라 쓰세요.

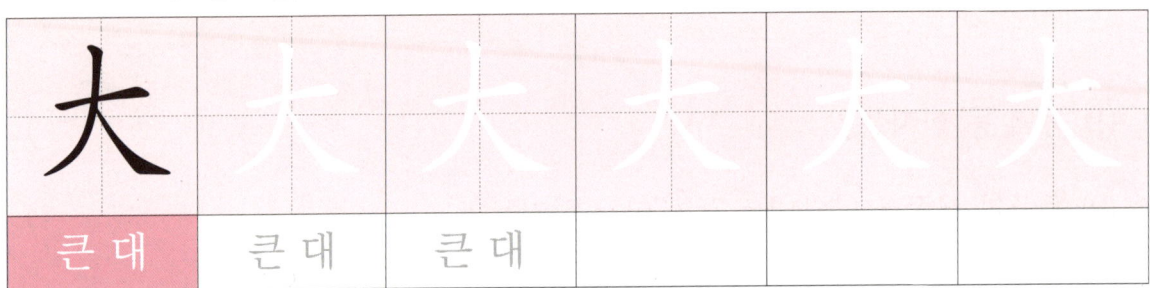

# 제5과 나라와 크기 편

月 日 확인

**韓**
나라/한국 **한**

卓 + 韋 → 韓

떠오른 아침 해가 온 나라를 둘러싸고 있다는 데서, '나라'라는 뜻을 나타냅니다.

韋부수 / 총 17획

▎韓이 쓰인 교과서 낱말의 뜻을 알아보아요.

**교과서 어휘**
- **한**인(韓人) : 외국에 나가 사는 한국 사람.
- **한**반도(韓半島) : 한국을 지형적으로 일컫는 말.
- **한**국(韓國) : 대한민국을 줄여 부르는 말.
- **한**복(韓服) : 우리나라 고유의 옷.

▎쓰는 순서   韓 韓 古 古 古 古 卓 卓 乾 乾 乾 韓 韓 韓 韓

| 韓 | | | | | | |
|---|---|---|---|---|---|---|
| 나라/한국 한 | 나라/한국 한 | 나라/한국 한 | | | | |

▎훈(뜻)과 음(소리)을 소리 내어 읽으면서 필순에 따라 쓰세요.

| | | | | | | |
|---|---|---|---|---|---|---|
| | | | | | | |
| | | | | | | |

 제5과 **나라와 크기** 편　　월　일　확인

## 民
**백성 민**

民 → 民 → 民

여자가 앉아 있는 모양에 一을 더해 여자가 백성들의 시초인 어머니라는 데서, '백성'을 나타냅니다.

氏부수 / 총 5획

### 民이 쓰인 교과서 낱말의 뜻을 알아보아요.

**교과서 어휘**

국**민**(國民) : 국가를 구성하는 사람.　　만**민**(萬民) : 모든 백성.
**민**생(民生) : 국민의 생활.　　**민**가(民家) : 일반 국민(백성)들이 사는 살림집.

### 쓰는 순서 民 民 民 民 民

| 民 백성 민 | 民 백성 민 | 民 백성 민 | | | |
|---|---|---|---|---|---|

### 훈(뜻)과 음(소리)을 소리 내어 읽으면서 필순에 따라 쓰세요.

제5과 **나라와 크기**편

나라 국

口 + 戈 + 一 → 國

영토를 지키기 위해
창을 들고 성을 지키는 데서,
'나라'라는 뜻을 나타냅니다.

口부수 / 총 11획

✏️ 國이 쓰인 교과서 낱말의 뜻을 알아보아요.

교과서 어휘
- **국**가(國家) : 나라의 법적인 호칭.
- **국**토(國土) : 나라의 땅.
- **국**외(國外) : 한 나라의 영토 밖.
- **국**민(國民) : 같은 국적의 백성.

✏️ 쓰는 순서

✏️ 훈(뜻)과 음(소리)을 소리 내어 읽으면서 필순에 따라 쓰세요.

## 제5과 나라와 크기 편

| 월 | 일 | 확인 |

### 中
**가운데 중**

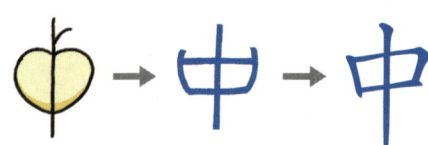

사물의 중앙에 선을 그은 모양을 본뜬 글자로, '가운데'를 나타냅니다.

| 부수 / 총 4획

✏️ 中이 쓰인 교과서 낱말의 뜻을 알아보아요.

교과서 어휘
- **중간**(中間) : 두 사물이나 현상의 사이.
- **중국**(中國) : 우리나라의 북서쪽에 위치한 나라.
- **중심**(中心) : 한가운데, 한복판.
- **중소**(中小) : 중간 및 그 이하의 것.

✏️ 쓰는 순서 中 中 中 中

| 中 | 中 | 中 | 中 | 中 |
|---|---|---|---|---|
| 가운데 중 | 가운데 중 | 가운데 중 | | |

✏️ 훈(뜻)과 음(소리)을 소리 내어 읽으면서 필순에 따라 쓰세요.

| 中 | 中 | 中 | 中 | 中 |
|---|---|---|---|---|
| | | | | |

제5과 **나라와 크기**편

월 일 확인

작을(작다) **소**

곡식 알갱이가 모여 있는 데서 작은 모습을 나타낸 글자로, '작다'는 뜻을 나타냅니다.

小부수 / 총 3획

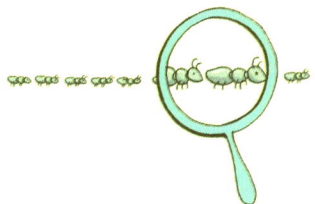

✏️ 小가 쓰인 교과서 낱말의 뜻을 알아보아요.

| 교과서 어휘 | | |
|---|---|---|
| **소**인국(小人國) : 난쟁이들만 살고 있다는 상상의 나라. | | **소**국(小國) : 작은 나라. |
| **소**녀(小女) : 어른이 되지 않은 어린 여자아이. | | 대**소**(大小) : 크고 작음. |

나라와 크기

✏️ 쓰는 순서 小 小 小

| 小 | | | | | |
|---|---|---|---|---|---|
| 작을 소 | 작을 소 | 작을 소 | | | |

✏️ 훈(뜻)과 음(소리)을 소리 내어 읽으면서 필순에 따라 쓰세요.

제5과 **나라와 크기**편

□월 □일 확인 □

군사 군

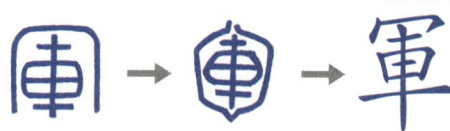

전쟁에서 사용하는 병차를 둘러싸고 있는 군사를 본뜬 글자로, '군사'를 나타냅니다.

車부수 / 총 9획

✏️ 軍이 쓰인 교과서 낱말의 뜻을 알아보아요.

교과서 어휘

군사(軍士) : 군인이나 군대를 이르는 말.
군인(軍人) : 군대의 장교와 사병을 통틀어 이르는 말.
국군(國軍) : 나라의 군사.
대군(大軍) : 많은 군사.

✏️ 쓰는 순서 軍軍軍軍軍軍軍軍軍

| 軍 | 軍 | 軍 | 軍 | 軍 | 軍 |
|---|---|---|---|---|---|
| 군사 군 | 군사 군 | 군사 군 | | | |

✏️ 훈(뜻)과 음(소리)을 소리 내어 읽으면서 필순에 따라 쓰세요.

| 軍 | 軍 | 軍 | 軍 | 軍 | 軍 |
|---|---|---|---|---|---|
| | | | | | |

## 제5과 나라와 크기 편

월 일 확인

임금 왕

임금의 힘을 상징하는 큰 도끼 모양을 본뜬 글자로, '임금'을 나타냅니다.

玉부수 / 총 4획

■ 王이 쓰인 교과서 낱말의 뜻을 알아보아요.

교과서 어휘

왕국(王國) : 임금이 다스리는 나라.
왕관(王冠) : 왕위를 상징하는 머리 쓰개.
왕실(王室) : 임금의 집안.
선왕(先王) : 앞선 세대의 임금.

나라와 크기

■ 쓰는 순서  干 干 干 王

| 王 | | | | |
|---|---|---|---|---|
| 임금 왕 | 임금 왕 | 임금 왕 | | |

■ 훈(뜻)과 음(소리)을 소리 내어 읽으면서 필순에 따라 쓰세요.

| | | | | |
|---|---|---|---|---|
| | | | | |
| | | | | |

## 기출 및 예상 문제

**1** 아래 한자 퍼즐이 여러 개 있습니다. 퍼즐을 이용하여 글자를 만들거나 만든 글자의 훈(뜻), 음(소리)을 써 보세요.

(1) 축구 경기 응원에서 자주 등장하는 구호가 있습니다.
　　우리나라를 부르는 네 글자의 말입니다. 퍼즐에서 찾아서 써 보세요.

(2) 우리 삼촌은 <u>군</u>인입니다. 밑줄 친 글자에 해당하는 한자를
　　위 퍼즐에서 찾아 쓰세요.

(3) 키가 작은 사람을 <u>소인</u>이라고 합니다. 밑줄 친 글자에 해당하는 한자를
　　위 퍼즐에서 찾아 쓰세요.

(4) 옛날에는 대통령이 아닌 이분이 나라를 다스렸습니다.
　　누구인지 위 퍼즐에서 찾아 쓰세요.

 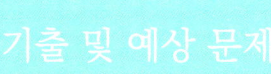 기출 및 예상 문제

(5) 나라의 주인은 누구일까요? 옛날에는 백성이라고 했고, 지금은 이렇게 부릅니다.

(6) 韓 이 한자의 훈(뜻)과 음(소리)을 쓰세요.   훈:       음:

(7) 王 이 한자의 훈(뜻)과 음(소리)을 쓰세요.   훈:       음:

(8) 中 이 한자의 훈(뜻)과 음(소리)을 쓰세요.   훈:       음:

(9) 전쟁에서 사용하는 병차로 주위를 둘러싼 군대를 나타낸 글자가 있습니다. 퍼즐에서 찾아 쓰세요.

(10) 작은 곡식 알갱이가 모여 있는 것으로, 매우 작고 가는 것의 모습을 나타낸 글자가 있습니다. 퍼즐에서 찾아 쓰세요.

(11) 도끼로 천하를 다스리는 임금을 나타낸 글자가 있습니다. 퍼즐에서 찾아 쓰세요.

(12) 대한민국을 줄여서 부르는 말입니다. 퍼즐에서 찾아 쓰세요.

## 기출 및 예상 문제

**2** 다음 그림을 보고 한자에 맞는 훈(뜻)과 음(소리)을 연결해 보세요.

(1)  •   • ① 군사 군

(2)  •   • ② 나라/한국 한

(3)  •   • ③ 작을 소

(4)  •   • ④ 나라 국

(5)  •   • ⑤ 임금 왕

(6)  •   • ⑥ 가운데 중

**3** 한자에 맞는 부수를 찾아보세요.

(1) 國 자의 부수를 찾아 번호를 쓰세요. (      )
　　①大　　②口　　③氏　　④玉

(2) 民 자의 부수를 찾아 번호를 쓰세요. (      )
　　①氏　　②玉　　③小　　④民

기출 및 예상 문제    월   일  확인

4 필순에 관한 문제입니다. 필순을 잘 알아야 한자를 예쁘게 쓸 수 있어요.

(1) 中 필순대로 기호를 차례로 쓰세요.

(2) 王 필순대로 쓸 경우, 세 번째 획에 해당하는 곳은 어디일까요?

5 다음 밑줄 친 말에 공통으로 들어가는 한자의 훈(뜻)을 쓰세요.

(1) 10월 1일은 국군의 날입니다. 군인은 나라를 지킵니다.

훈:

(2) 우리 아버지는 중소기업 사장입니다. 어린이들을 소인이라고 합니다.

훈:

(3) 대한민국 짝짝짝 짝짝!! 피아노 대회에서 대상을 받았습니다.

훈:

(4) 나라의 주인은 국민입니다. 우리 땅을 국토라고 합니다.

훈:

(5) 박물관에 가서 왕관을 구경했습니다. 왕자는 왕의 아들입니다.

훈:

## 기출 및 예상 문제

**6** 다음 물음에 답을 써 보세요.

(1) 우리가 편안하게 잠을 잘 수 있는 것은 軍人 아저씨가 나라를 지켜 주기 때문입니다. 밑줄 친 한자의 독음(소리)을 쓰세요.

음:

(2) 옛날에 우리나라에는 왕이 있었습니다. 밑줄 친 말을 한자로 써 보세요.

(3) 우리나라를 '大韓民國'이라고 부릅니다. 밑줄 친 글자의 훈(뜻)과 음(소리)을 쓰세요.

훈:　　　　음:

(4) 예전에는 國民을 백성이라고 했습니다. 밑줄 친 한자의 독음(소리)을 쓰세요.

음:

(5) 사람들 중에는 큰 사람도 있고, 작은 사람도 있습니다. 작은 사람을 小人이라고 합니다. 밑줄 친 한자의 독음(소리)을 쓰세요.

음:

(6) 영희는 뚱뚱하지도, 날씬하지도 않습니다. 흔히 말하는 중간입니다. 밑줄 친 글자를 한자로 써 보세요.

## 제6과 학교 편

# 學
**배울 학**

白+冖(→宀)+子 → 學

손에 책을 든 모습을 표현한 글자(白)와 宀(집 면) 자와 子(아들 자)자가 합쳐진 글자로, 아이가 집에서 양손으로 책을 펴 들고 읽는 데서 '배우다'라는 뜻을 나타냅니다.

子부수 / 총 16획

📖 學이 쓰인 교과서 낱말의 뜻을 알아보아요.

**교과서 어휘**
- **학**년(學年) : 1년 단위로 구분한 학교 교육 단계.
- **학**원(學院) : 학교와 그 외 교육 기관을 말함.
- **학**교(學校) : 학생을 교육하는 기관.
- **학**생(學生) : 학교에서 공부하는 사람.

📖 쓰는 순서 : 學 學 學 學 學 學 學 學 學 學 學 學 學 學 學 學

| 學 | | | | |
|---|---|---|---|---|
| 배울 학 | 배울 학 | 배울 학 | | |

📖 훈(뜻)과 음(소리)을 소리 내어 읽으면서 필순에 따라 쓰세요.

제6과 학교편

## 校
**학교 교**

木 + 交 → 校

木(나무 목) 자와 交(사귈 교) 자가 합쳐진 글자로, 나무와 사람이 어울려서 생활하는 데서 '학교'를 나타냅니다.

木부수 / 총 10획

✏️ 校가 쓰인 교과서 낱말의 뜻을 알아보아요.

**교과서 어휘**
- **교장**(校長) : 학교를 운영하는 최고 책임자.
- **교목**(校木) : 학교의 상징으로 삼는 나무.
- **교문**(校門) : 학교의 정문.
- **교외**(校外) : 학교의 밖.

✏️ 쓰는 순서  校 校 校 校 校 校 校 校 校 校

| 校 | | | | | |
|---|---|---|---|---|---|
| 학교 교 | 학교 교 | 학교 교 | | | |

✏️ 훈(뜻)과 음(소리)을 소리 내어 읽으면서 필순에 따라 쓰세요.

## 제6과 학교편

**가르칠 교**

ㄨ + 子 + 攵 → 敎

선생님이 학생을 가르치기 위해서 회초리를 들고 있는 모습을 표현한 데서 '가르치다'라는 뜻을 나타냅니다.

攵(=攴)부수 / 총 11획

### 敎가 쓰인 교과서 낱말의 뜻을 알아보아요.

**교과서 어휘**

- 교실(敎室) : 수업할 때 쓰는 공간.
- 교수(敎授) : 대학에서 학생들을 가르치는 사람.
- 교대(敎大) : 교육 대학.
- 교생(敎生) : 교육 실습생의 준말.

### 쓰는 순서

敎 敎 敎 敎 敎 敎 敎 敎 敎 敎 敎

| 敎 | | | | | | |
|---|---|---|---|---|---|---|
| 가르칠 교 | 가르칠 교 | 가르칠 교 | | | | |

### 훈(뜻)과 음(소리)을 소리 내어 읽으면서 필순에 따라 쓰세요.

제6과 학교 편

室
집 실

宀 + 至 → 室

宀(집 면) 자와 至(이를 지) 자가 합쳐진 글자로, 사람이 집에 이르러 휴식을 취한다는 데서 '집'을 나타냅니다.

宀 부수 / 총 9획

📝 室이 쓰인 교과서 낱말의 뜻을 알아보아요.

| 교과서 어휘 | 거실(居室) : 가족이 모여서 생활하는 공간.<br>왕실(王室) : 왕의 집안. 왕가. | 실외(室外) : 건물의 바깥.<br>실내(室內) : 방 안. |

📝 쓰는 순서 室 室 室 室 室 室 室 室 室

| 室 | 室 | 室 | | | |
|---|---|---|---|---|---|
| 집 실 | 집 실 | 집 실 | | | |

📝 훈(뜻)과 음(소리)을 소리 내어 읽으면서 필순에 따라 쓰세요.

| | | | | | |
|---|---|---|---|---|---|
| | | | | | |
| | | | | | |

제6과 **학교** 편

## 先

**먼저 선**

之 + 儿 → 先

之(갈 지) 자와 儿(어진사람 인) 자가 합쳐진 글자로, 어떤 사람보다 한 발짝 앞서 간다는 데서 '먼저'라는 뜻을 나타냅니다.

儿 부수 / 총 6획

### 先이 쓰인 교과서 낱말의 뜻을 알아보아요.

**교과서 어휘**

- 선천(先天) : 태어나면서부터 몸에 지닌 것.
- 선배(先輩) : 자기보다 나이나 경험 등이 많은 사람.
- 선생(先生) : 학생을 가르치는 사람.
- 선행(先行) : 앞서가거나 앞에 있음.

### 쓰는 순서 先 先 先 先 先 先

| 先 | | | | | |
|---|---|---|---|---|---|
| 먼저 선 | 먼저 선 | 먼저 선 | | | |

### 훈(뜻)과 음(소리)을 소리 내어 읽으면서 필순에 따라 쓰세요.

학교

제6과 학교편

# 生
## 날 생

새싹이 자라나는 모양을 본뜬 글자로, '태어나다'라는 뜻을 나타냅니다.

生부수 / 총 5획

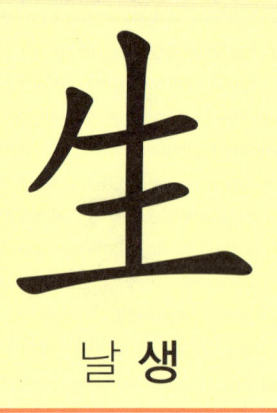

📝 生이 쓰인 교과서 낱말의 뜻을 알아보아요.

**교과서 어휘**
- 생일(生日) : 태어난 날.
- 생기(生氣) : 싱싱하고 힘찬 기운.
- 생장(生長) : 나고 자람.
- 학생(學生) : 배우는 사람.

📝 쓰는 순서  生 生 生 生 生

| 生 | 生 | 生 | | | |
|---|---|---|---|---|---|
| 날 생 | 날 생 | 날 생 | | | |

📝 훈(뜻)과 음(소리)을 소리 내어 읽으면서 필순에 따라 쓰세요.

| 生 | 生 | 生 | 生 | | |
|---|---|---|---|---|---|
| | | | | | |

## 제6과 학교편

### 門
문 문

두 개의 문짝이 붙은 대문 모양을 본뜬 글자로, '문'을 나타냅니다.

門부수 / 총 8획

✏️ 門이 쓰인 교과서 낱말의 뜻을 알아보아요.

| 교과서 어휘 | |
|---|---|
| 가문(家門) : 집안이나 문중. | 교문(校門) : 학교의 문. |
| 수문(水門) : 물의 흐름이나 양을 조절하는 문. | 문하생(門下生) : 제자. |

✏️ 쓰는 순서 門 門 門 門 門 門 門 門

門

문 문   문 문   문 문

✏️ 훈(뜻)과 음(소리)을 소리 내어 읽으면서 필순에 따라 쓰세요.

 기출 및 예상 문제

**1** 밑줄 친 한자의 훈(뜻)과 음(소리)을 쓰세요.

| 문 제 | 훈(뜻) | 음(소리) |
|---|---|---|
| (1) 學생은 공부를 열심히 해야 합니다. | | |
| (2) 수업을 마치고 學원에 갑니다. | | |
| (3) 校장 선생님을 존경합니다. | | |
| (4) 학교 校문은 아주 큽니다. | | |
| (5) 敎실에서 공부합니다. | | |
| (6) 우리 아버지는 대학敎수입니다. | | |
| (7) 室내에서 신발을 벗습니다. | | |
| (8) 우리 집 거室에는 피아노가 있습니다. | | |
| (9) 先생님은 아름답습니다. | | |
| (10) 내 生일은 겨울입니다. | | |
| (11) 아버지는 김씨 門중의 장남입니다. | | |
| (12) 生수를 마십니다. | | |
| (13) 室외에서 이야기합시다. | | |

## 기출 및 예상 문제

**2** 한자를 설명한 글과 관계 있는 한자를 | 보기 |에서 찾아 번호를 쓰세요.

| 보기 |
① 教    ② 校    ③ 室    ④ 門

(1) 사람이 집에 돌아와 휴식을
취하는 데서 집을 나타낸 글자 ( )

(2) 두 개의 문짝이 붙은
대문 모양을 나타낸 글자 ( )

(3) 선생님이 가르치기 위해서 회초리를
들고 있는 모습을 표현한 글자 ( )

(4) 나무와 사람이 어울려서
생활하는 학교를 나타낸 글자 ( )

**3** 다음 한자는 독음(소리)을 표기하고, 뜻을 나타낸 글자는 한자로 쓰세요.

(1) 學生                  (2) 學校

(3) 先生                  (4) 教室

(5) 校門                  (6) 배우는 곳

(7) 학생을 가르치는 사람    (8) 배우는 사람

## 기출 및 예상 문제

(9) 가르치는 곳 _____    (10) 학교의 문 _____

**4** 밑줄 친 말에 알맞은 한자를 |보기|에서 찾아 번호를 쓰세요.

|보기|
① 敎   ② 校   ③ 室   ④ 門   ⑤ 學   ⑥ 生

(1) 어머니는 학원에서 피아노를 <u>가르치</u>는 강사입니다. ( )

(2) 누나에게 부족한 공부를 <u>배웁</u>니다. ( )

(3) 수업이 끝나면 <u>학교</u>는 조용합니다. ( )

(4) 어제 동생이 <u>태어났</u>습니다. 가족들이 모두 기뻐했습니다. ( )

(5) 우리 출입<u>문</u>은 자주 고장이 납니다. ( )

**5** 다음 밑줄 친 한자어의 독음(소리)을 쓰세요.

(1) 수업이 끝나자 학생들이 <u>校門</u>( ) 밖으로 나옵니다.

(2) 일주일에 한 번씩 <u>敎室</u>( ) 청소를 합니다.

(3) 숙제를 안 하면 <u>先生</u>( )님께 꾸중을 들어요.

(4) 선생님은 "<u>學生</u>( )은 열심히 공부해야 한다."고 말씀하십니다.

(5) 우리 학교에는 <u>校門</u>( )이 없습니다.

## 기출 및 예상 문제

**6** 아래 그림을 보고 한자에 맞는 훈(뜻)과 음(소리)을 연결해 보세요.

(1)  生 · · ① 집 실

(2)  校 · · ② 날 생

(3)  先 · · ③ 학교 교

(4)  學 · · ④ 배울 학

(5)  教 · · ⑤ 먼저 선

(6)  室 · · ⑥ 가르칠 교

**7** 다음 한자의 부수와 필순을 답하세요.

(1) 學 자의 부수를 찾아 그 번호를 쓰세요. (　　)
　　① 子　② 木　③ 宀　④ 儿

(2) 先 필순대로 적을 경우, 네 번째 획에 해당되는 곳은 어디일까요?
(　　)

제7과 **나이와 색깔** 편

# 年

**해 년(연)**

벼를 짊어진 사람의 모습을 본뜬 글자로, 곡물이 익어서 수확하게 되기까지의 기간인 1년을 뜻하는 한자입니다.

干부수 / 총 6획

📝 年이 쓰인 교과서 낱말의 뜻을 알아보아요.

| 교과서 어휘 | |
|---|---|
| 소**년**(少年) : 나이 어린 남자아이. | **연년**생(年年生) : 한 살 터울로 낳은 아이. |
| 장**년**(長年) : 서른에서 마흔 안팎의 나이. | 풍**년**(豊年) : 농사가 잘된 해. |

📝 쓰는 순서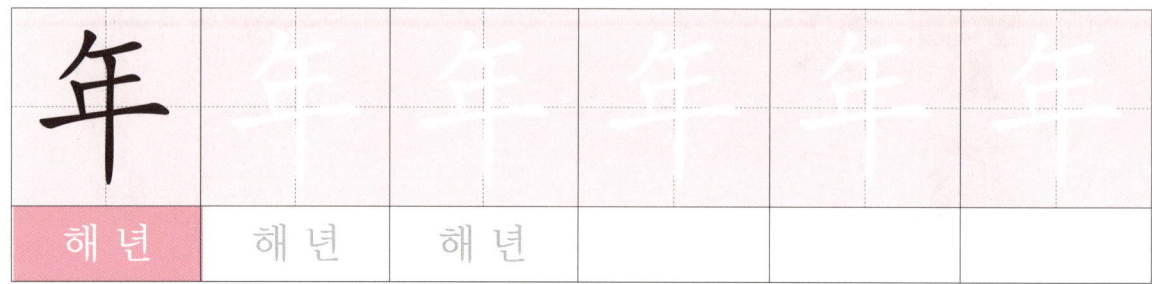

| 年 | 年 | 年 | | | |
|---|---|---|---|---|---|
| **해 년** | 해 년 | 해 년 | | | |

📝 훈(뜻)과 음(소리)을 소리 내어 읽으면서 필순에 따라 쓰세요.

| | | | | | |
|---|---|---|---|---|---|
| | | | | | |
| | | | | | |

제7과 **나이와 색깔** 편

長

어른/길 **장**

머리 긴 노인이 지팡이를 짚고 있는 모양을 본뜬 글자로, '어른' 또는 '(길이가) 길다', '낫다'는 뜻을 나타냅니다.

長부수 / 총 8획

✏️ 長이 쓰인 교과서 낱말의 뜻을 알아보아요.

교과서 어휘
- 장점(長點) : 잘하는 점이나 좋은 점.
- 성장(成長) : 커지고 자라남. 이전보다 나아짐.
- 장시간(長時間) : 오랜 시간.
- 장문(長文) : 긴 문장.

✏️ 쓰는 순서

| 長 | | | | | |
|---|---|---|---|---|---|
| 어른/길 장 | 어른/길 장 | 어른/길 장 | | | |

✏️ 훈(뜻)과 음(소리)을 소리 내어 읽으면서 필순에 따라 쓰세요.

제7과 나이와 색깔 편

 월  일 확인

## 靑
### 푸를(푸르다) 청

화분의 푸른 난초 모양을 본뜬 글자로, '푸르다'는 뜻을 나타냅니다.

靑부수 / 총 8획

✏️ 靑이 쓰인 교과서 낱말의 뜻을 알아보아요.

| 교과서 어휘 | | |
|---|---|---|
| | 청년(靑年) : 젊은 사람. | 청백(靑白) : 푸른색과 흰색. |
| | 청춘(靑春) : 젊은 나이. | 청산(靑山) : 나무가 무성하여 푸른 산. |

✏️ 쓰는 순서   靑 靑 靑 靑 靑 靑 靑 靑

| 靑 | 靑 | 靑 | 靑 | 靑 |
|---|---|---|---|---|
| 푸를 청 | 푸를 청 | 푸를 청 | | |

✏️ 훈(뜻)과 음(소리)을 소리 내어 읽으면서 필순에 따라 쓰세요.

| 靑 | 靑 | 靑 | 靑 | 靑 |
|---|---|---|---|---|
| | | | | |

## 제7과 나이와 색깔 편

월 일 확인

흰(희다) 백

밝은 햇빛의 모양을 본뜬 글자로 '희다'는 뜻을 나타냅니다.

白부수 / 총 5획

📝 白이 쓰인 교과서 낱말의 뜻을 알아보아요.

교과서 어휘

백인(白人) : 태어날 때부터 살빛이 흰 사람.
백지(白紙) : 아무것도 적지 않은 종이.
흑백(黑白) : 검은빛과 흰빛.
백색(白色) : 흰색.

📝 쓰는 순서

📝 훈(뜻)과 음(소리)을 소리 내어 읽으면서 필순에 따라 쓰세요.

## 기출 및 예상 문제

**1** 아래 물음을 보고 정답을 쓰세요.

(1) 꼬마 눈사람은 <u>白</u>색입니다. 밑줄 친 한자의 훈(뜻)을 쓰세요.

훈: 

(2) <u>靑白</u>은 　　　　이라 읽고, (3) 　　　　　　는 뜻입니다.

(4) 봄이 되면 산과 들이 온통 <u>푸른색</u>으로 가득합니다.
　밑줄 친 글자에 해당하는 한자를 쓰세요.

(5) "오늘 친구가 <u>長</u>문의 편지를 보내왔습니다."
　밑줄 친 한자의 음(소리)을 쓰세요.

음: 

(6) 곡물이 익어서 사람이 수확하게 되기까지의 기간을 나타낸 글자로
　1년을 뜻하는 한자입니다. 이 한자의 훈(뜻)을 쓰세요.

훈: 

**2** 다음 글을 읽고 관계 있는 한자를 | 보기 | 에서 찾아 번호를 써 보세요.

| 보기 |
① 白　　② 靑　　③ 年　　④ 長

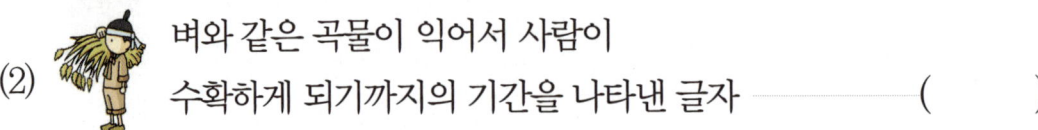

(1) 화분의 푸른 난초를 본뜬 글자 ―――――――― (　　)

(2) 벼와 같은 곡물이 익어서 사람이
　수확하게 되기까지의 기간을 나타낸 글자 ―――― (　　)

84

(3) 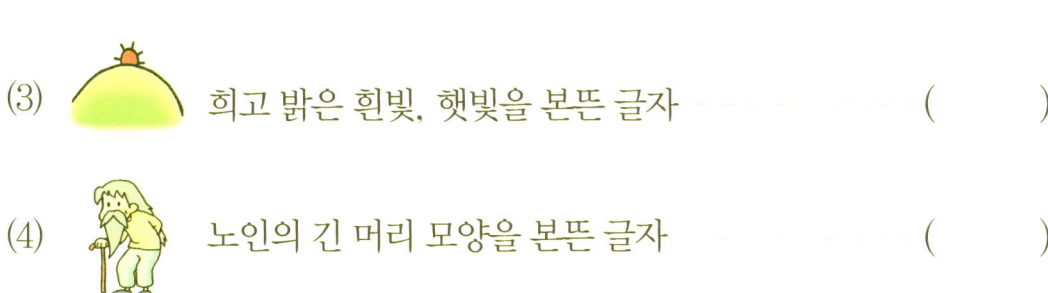 희고 밝은 흰빛, 햇빛을 본뜬 글자 ( )

(4) 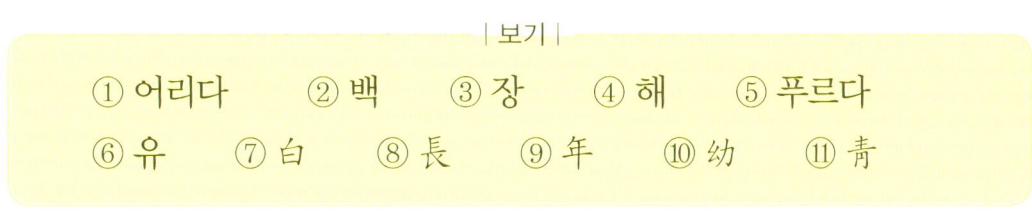 노인의 긴 머리 모양을 본뜬 글자 ( )

**3** 다음 ( ) 안에 알맞은 말을 |보기|에서 골라 번호를 쓰세요.

|보기|
① 어리다  ② 백  ③ 장  ④ 해  ⑤ 푸르다
⑥ 유  ⑦ 白  ⑧ 長  ⑨ 年  ⑩ 幼  ⑪ 青

(1) 青은 ( )라는 뜻입니다.

(2) 年은 ( )라는 뜻입니다.

(3) 長은 ( )이라고 읽습니다.

(4) 白은 ( )이라고 읽습니다.

(5) 색깔을 나타내는 한자는 두 개로 ( )입니다.

(6) 1년을 나타내는 한자는 ( )입니다.

(7) '흰 백'이라는 뜻과 소리를 가진 한자는 ( )입니다.

## 기출 및 예상 문제

**4** 밑줄 친 한자의 훈(뜻)과 음(소리)을 쓰세요.

| 문 제 | 훈(뜻) | 음(소리) |
|---|---|---|
| (1) 농사가 풍年입니다. | | |
| (2) 소年이여! 꿈을 가져라. | | |
| (3) 나의 長점은 착한 마음씨입니다. | | |
| (4) 長문의 글을 읽었습니다. | | |
| (5) 우리는 靑소년입니다. | | |
| (6) 白인은 피부색이 하얗습니다. | | |
| (7) 여러 명의 여자에 남자 한 명이 있을 경우, 그 남자를 두고 靑일점이라고 합니다. | | |
| (8) 생年월일은 내가 태어난 해와 달과 날입니다. | | |
| (9) '長유유서'라는 고사성어가 있습니다. | | |

※ 장유유서 : 어른과 아이가 지켜야 할 도리.

**5** 부수 문제입니다. 아래 문제를 풀어 보세요.

(1) 長 자의 부수를 찾아 답을 적어 보세요. (　　　)

　① 白　　② 長　　③ 干　　④ 靑

## 기출 및 예상 문제

(2) 年 자의 부수를 찾아 그 번호를 쓰세요. (   )

① 白   ② 黑   ③ 干   ④ 青

**6** 다음 한자의 필순을 차례로 써 보세요.

(1) 年 필순대로 기호를 차례로 쓰세요.

(2) 白 필순대로 기호를 차례로 쓰세요.

**7** 아래 그림을 보고 한자에 맞는 훈(뜻)과 음(소리)을 연결해 보세요.

(1)  •     • ① 해 년(연)

(2)  •     • ② 어른 / 길 장

(3)  •     • ③ 푸를 청

(4)  •     • ④ 흰 백

## 기출 및 예상 문제 정답

**제1과**
**숫자**편 · 15

**1**(1) 三月 一日
 (2) 六月 六日
 (3) 七月 十七日
 (4) 八月 十五日
 (5) 十月 三日
 (6) 十月 九日
**2**(1) ③
 (2) ②
 (3) ①
 (4) ④
 (5) ⑥
 (6) ⑤
**3**(1) ③
 (2) ④
 (3) ①
 (4) ②
**4**(1) 한 일
 (2) 두 이
 (3) 석 삼
 (4) 넉 사
 (5) 다섯 오
 (6) 여섯 륙(육)
 (7) 일곱 칠
 (8) 여덟 팔
 (9) 아홉 구
 (10) 열 십
 (11) 일만 만
**5**(1) ④
 (2) ㄱ-ㄷ-ㄴ-ㄹ
**6**(1) 三月 六日
 (2) 석
 (3) 이십칠
 (4) 다섯
 (5) 二十五
 (6) 열 십

**제2과**
**요일**편 · 28

**1**(1) ③
 (2) ①
 (3) ②
 (4) ⑥
 (5) ⑤
 (6) ④
**2** 金
**3**(1) 木
 (2) 金
 (3) 日
 (4) 火
**4**(1) 날/해 일
 (2) 달 월
 (3) 불 화
 (4) 물 수
 (5) 나무 목
 (6) 쇠 금, 성씨 김
 (7) 흙 토
**5**(1) ③
 (2) ②
 (3) ①
 (4) ④
**6**(1) ④
 (2) ②
 (3) ⑦
 (4) ③
 (5) ⑤
 (6) ⑥
 (7) ①
 (8) ⑪
 (9) ⑧
 (10) ⑩
 (11) ⑨
**7**(1) ③
 (2) ①
**8**(1) ㄹ-ㄱ-ㄴ-ㄷ
 (2) ㄹ

**제3과**
**가족과 사람**편 · 39

**1**(1) ③
 (2) ①
 (3) ②
 (4) ⑤
 (5) ⑥
 (6) ④
**2**(1) ②
 (2) ④
 (3) ①
 (4) ③
**3**(1) 형
 (2) 형제
 (3) 부녀
 (4) 부모
 (5) 여인
 (6) 삼촌
 (7) 사촌
 (8) 아버지, 어머니
 (9) 형, 아우
 (10) 아버지, 딸
 (11) 어머니, 딸
**4**(1) ㄱ
 (2) ㅁ
**5**(1) 父母
 (2) 兄
 (3) 兄弟
 (4) 三寸
 (5) 四寸
 (6) 父子
 (7) 母女
**6**(1) ①
 (2) ⑥
 (3) ②
 (4) ④
 (5) ③
 (6) ⑤

**제4과**
**위치와 방향**편 · 51

**1**(1) 훈 : 동녘, 음 : 동
 (2) 西
 (3) 南
 (4) 훈 : 북녘, 음 : 북
**2**(1) ④
 (2) ①
 (3) ③
 (4) ②
**3**(1) 西
 (2) 山
 (3) 外
 (4) 東
**4**(1) 북녘
 (2) 동녘
 (3) 메
**5**(1) ①
 (2) ⑥
 (3) ②
 (4) ③
 (5) ⑤
 (6) ④

## 기출 및 예상 문제 **정답**

6 (1) ②
(2) ③
(3) ⑤
(4) ④
(5) ①
7 (1) ④
(2) ㅈ-ㄱ-ㄴ-ㅁ-ㅂ-ㄷ-ㄹ-ㅅ-ㅇ
8 (1) ①
(2) ①, ⑥
(3) ②, ③
(4) ⑦
(5) ②, ⑦
(6) ①, ⑥, ②, ⑦
(7) ④

### 제5과
### 나라와 크기편 · 64

1 (1) 大韓民國
(2) 軍人
(3) 小人
(4) 王
(5) 國民
(6) 나라/한국 한
(7) 임금 왕
(8) 가운데 중
(9) 軍
(10) 小
(11) 王
(12) 韓國
2 (1) ②
(2) ③
(3) ①
(4) ⑤
(5) ④

(6) ⑥
3 (1) ②
(2) ①
4 (1) ㄷ-ㄱ-ㄴ-ㄹ
(2) ㄷ
5 (1) 군사
(2) 작을(작다)
(3) 큰(크다)
(4) 나라
(5) 임금
6 (1) 군인
(2) 王
(3) 큰(크다) 대
(4) 국민
(5) 소인
(6) 中

### 제6과
### 학교편 · 76

1 (1) 배울 학
(2) 배울 학
(3) 학교 교
(4) 학교 교
(5) 가르칠 교
(6) 가르칠 교
(7) 집 실
(8) 집 실
(9) 먼저 선
(10) 날 생
(11) 문 문
(12) 날 생
(13) 집 실
2 (1) ③
(2) ④
(3) ①

(4) ②
3 (1) 학생
(2) 학교
(3) 선생
(4) 교실
(5) 교문
(6) 學校
(7) 先生
(8) 學生
(9) 敎室
(10) 校門
4 (1) ①
(2) ⑤
(3) ②
(4) ⑥
(5) ④
5 (1) 교문
(2) 교실
(3) 선생
(4) 학생
(5) 교문
6 (1) ②
(2) ③
(3) ⑤
(4) ④
(5) ⑥
(6) ①
7 (1) ①
(2) ㄹ

### 제7과
### 나이와 색깔편 · 84

1 (1) 흰(희다)
(2) 청백
(3) 푸르고 희다

(4) 靑
(5) 장
(6) 해
2 (1) ②
(2) ③
(3) ①
(4) ④
3 (1) ⑤
(2) ④
(3) ③
(4) ②
(5) ⑦, ⑪
(6) ⑨
(7) ⑦
4 (1) 해 년(연)
(2) 해 년(연)
(3) 어른/길 장
(4) 어른/길 장
(5) 푸를 청
(6) 흰 백
(7) 푸를 청
(8) 해 년(연)
(9) 어른/길 장
5 (1) ②
(2) ③
6 (1) ㄱ-ㄴ-ㅁ-ㅂ-ㄷ-ㄹ
(2) ㄱ-ㄴ-ㅁ-ㄷ-ㄹ
7 (1) ④
(2) ①
(3) ②
(4) ③

89

# 8급 모의 한자능력검정시험 **정답**

## 제1회
(1) 팔
(2) 월
(3) 십
(4) 오
(5) 일
(6) 부
(7) 모
(8) 사
(9) 목
(10) 산
(11) 국
(12) 민
(13) 남
(14) 북
(15) 산수
(16) 마디 촌
(17) 불 화
(18) 쇠 금, 성씨 김
(19) 문 문
(20) 어른/길 장
(21) 임금 왕
(22) 날 생
(23) 동녘 동
(24) 흙 토
(25) 아홉 구
(26) ④
(27) ⑨
(28) ②
(29) ⑦
(30) ⑥
(31) ⑤
(32) ⑩
(33) ③
(34) ①
(35) ⑧
(36) ②
(37) ⑥
(38) ③
(39) ④
(40) ⑤
(41) ⑤
(42) ①
(43) ③
(44) ⑦
(45) ⑥
(46) ③
(47) ⑧
(48) ⑤
(49) ①
(50) ④

## 제2회
(1) 오
(2) 월
(3) 십
(4) 오
(5) 선
(6) 생
(7) 팔
(8) 십(시)
(9) 국
(10) 군
(11) 대
(12) 왕
(13) 동
(14) 서
(15) 남
(16) 북
(17) 한
(18) 민
(19) 학교 교
(20) 흙 토
(21) 아홉 구
(22) 여자 녀(여)
(23) 해 년(연)
(24) 달 월
(25) 물 수
(26) ②
(27) ⑩
(28) ⑥
(29) ⑧
(30) ⑨
(31) ⑦
(32) ⑤
(33) ④
(34) ③
(35) ①
(36) ②
(37) ⑥
(38) ③
(39) ④
(40) ①
(41) ①
(42) ③
(43) ⑤
(44) ②
(45) ①
(46) ⑥
(47) ⑦
(48) ⑧
(49) ④
(50) ④

## 제3회
(1) 대
(2) 한
(3) 민
(4) 국
(5) 일
(6) 동
(7) 서
(8) 남
(9) 북
(10) 삼
(11) 월
(12) 칠
(13) 팔
(14) 십
(15) 오
(16) 왕
(17) 날/해 일
(18) 어른/길 장
(19) 어머니 모
(20) 불 화
(21) 아버지 부
(22) 군사 군
(23) 여섯 륙(육)
(24) 동녘 동
(25) 바깥 외
(26) ⑥
(27) ①
(28) ④
(29) ③
(30) ②
(31) ⑨
(32) ⑧
(33) ⑦
(34) ⑤
(35) ⑩
(36) ②
(37) ①
(38) ⑥
(39) ③
(40) ④
(41) ⑥
(42) ⑤
(43) ③
(44) ④
(45) ⑥
(46) ⑧
(47) ③
(48) ①
(49) ③
(50) ④

※모의 한자능력검정시험 답을 이곳에 쓰세요.

수험번호 ☐☐☐-☐☐-☐☐☐☐ 성명 ☐☐☐☐☐

주민등록번호 ☐☐☐☐☐☐-☐☐☐☐☐☐☐

※답안지는 컴퓨터로 처리되므로 구기거나 더럽히지 마시고, 정답 칸 안에만 쓰십시오.
 글씨가 채점란으로 들어오면 오답 처리됩니다.　　　　　　　　　　　※ 유성 사인펜, 붉은색 필기구 사용 불가.

## 제1회 한자능력검정시험 8급 답안지(1)

| 번호 | 답 안 란 정 답 | 채 점 란 1검 | 2검 | 번호 | 답 안 란 정 답 | 채 점 란 1검 | 2검 |
|---|---|---|---|---|---|---|---|
| 1 | | | | 13 | | | |
| 2 | | | | 14 | | | |
| 3 | | | | 15 | | | |
| 4 | | | | 16 | | | |
| 5 | | | | 17 | | | |
| 6 | | | | 18 | | | |
| 7 | | | | 19 | | | |
| 8 | | | | 20 | | | |
| 9 | | | | 21 | | | |
| 10 | | | | 22 | | | |
| 11 | | | | 23 | | | |
| 12 | | | | 24 | | | |

| 감독 위원 | 채점 위원(1) | | 채점 위원(2) | | 채점 위원(3) | |
|---|---|---|---|---|---|---|
| (서명) | (득점) | (서명) | (득점) | (서명) | (득점) | (서명) |

※답안지는 컴퓨터로 처리되므로 구기거나 더럽히지 마시고, 정답 칸 안에만 쓰십시오.
  글씨가 채점란으로 들어오면 오답 처리됩니다.

## 제1회 한자능력검정시험 8급 답안지(2)

| 번호 | 답 안 란 정 답 | 채점란 1검 | 2검 | 번호 | 답 안 란 정 답 | 채점란 1검 | 2검 |
|---|---|---|---|---|---|---|---|
| 25 | | | | 38 | | | |
| 26 | | | | 39 | | | |
| 27 | | | | 40 | | | |
| 28 | | | | 41 | | | |
| 29 | | | | 42 | | | |
| 30 | | | | 43 | | | |
| 31 | | | | 44 | | | |
| 32 | | | | 45 | | | |
| 33 | | | | 46 | | | |
| 34 | | | | 47 | | | |
| 35 | | | | 48 | | | |
| 36 | | | | 49 | | | |
| 37 | | | | 50 | | | |

※모의 한자능력검정시험 답을 이곳에 쓰세요.

수험번호 □□□-□□-□□□□  성명 □□□□□

주민등록번호 □□□□□□-□□□□□□□

※답안지는 컴퓨터로 처리되므로 구기거나 더럽히지 마시고, 정답 칸 안에만 쓰십시오.
 글씨가 채점란으로 들어오면 오답 처리됩니다.

※ 유성 사인펜, 붉은색 필기구 사용 불가.

## 제2회 한자능력검정시험 8급 답안지(1)

| 번호 | 답 안 란 정 답 | 채점란 1검 | 2검 | 번호 | 답 안 란 정 답 | 채점란 1검 | 2검 |
|---|---|---|---|---|---|---|---|
| 1 | | | | 13 | | | |
| 2 | | | | 14 | | | |
| 3 | | | | 15 | | | |
| 4 | | | | 16 | | | |
| 5 | | | | 17 | | | |
| 6 | | | | 18 | | | |
| 7 | | | | 19 | | | |
| 8 | | | | 20 | | | |
| 9 | | | | 21 | | | |
| 10 | | | | 22 | | | |
| 11 | | | | 23 | | | |
| 12 | | | | 24 | | | |

| 감독 위원 | 채점 위원(1) | | 채점 위원(2) | | 채점 위원(3) | |
|---|---|---|---|---|---|---|
| (서명) | (득점) | (서명) | (득점) | (서명) | (득점) | (서명) |

※답안지는 컴퓨터로 처리되므로 구기거나 더럽히지 마시고, 정답 칸 안에만 쓰십시오.
  글씨가 채점란으로 들어오면 오답 처리됩니다.

## 제2회 한자능력검정시험 8급 답안지(2)

| 번호 | 답 안 란 정 답 | 채점란 1검 | 채점란 2검 | 번호 | 답 안 란 정 답 | 채점란 1검 | 채점란 2검 |
|---|---|---|---|---|---|---|---|
| 25 | | | | 38 | | | |
| 26 | | | | 39 | | | |
| 27 | | | | 40 | | | |
| 28 | | | | 41 | | | |
| 29 | | | | 42 | | | |
| 30 | | | | 43 | | | |
| 31 | | | | 44 | | | |
| 32 | | | | 45 | | | |
| 33 | | | | 46 | | | |
| 34 | | | | 47 | | | |
| 35 | | | | 48 | | | |
| 36 | | | | 49 | | | |
| 37 | | | | 50 | | | |

※모의 한자능력검정시험 답을 이곳에 쓰세요.

수험번호 □□□-□□-□□□□　　　성명 □□□□□

주민등록번호 □□□□□□-□□□□□□□

※답안지는 컴퓨터로 처리되므로 구기거나 더럽히지 마시고, 정답 칸 안에만 쓰십시오.
　글씨가 채점란으로 들어오면 오답 처리됩니다.　　　　　　　　　　　　　　　　※ 유성 사인펜, 붉은색 필기구 사용 불가.

## 제3회 한자능력검정시험 8급 답안지(1)

| 번호 | 답안란 정답 | 채점란 1검 | 채점란 2검 | 번호 | 답안란 정답 | 채점란 1검 | 채점란 2검 |
|---|---|---|---|---|---|---|---|
| 1 | | | | 13 | | | |
| 2 | | | | 14 | | | |
| 3 | | | | 15 | | | |
| 4 | | | | 16 | | | |
| 5 | | | | 17 | | | |
| 6 | | | | 18 | | | |
| 7 | | | | 19 | | | |
| 8 | | | | 20 | | | |
| 9 | | | | 21 | | | |
| 10 | | | | 22 | | | |
| 11 | | | | 23 | | | |
| 12 | | | | 24 | | | |

| 감독 위원 | 채점 위원(1) | 채점 위원(2) | 채점 위원(3) |
|---|---|---|---|
| (서명) | (득점) (서명) | (득점) (서명) | (득점) (서명) |

※답안지는 컴퓨터로 처리되므로 구기거나 더럽히지 마시고, 정답 칸 안에만 쓰십시오.
　글씨가 채점란으로 들어오면 오답 처리됩니다.

## 제3회 한자능력검정시험 8급 답안지(2)

| 번호 | 답 안 란<br>정　답 | 채점란<br>1검 | 2검 | 번호 | 답 안 란<br>정　답 | 채점란<br>1검 | 2검 |
|---|---|---|---|---|---|---|---|
| 25 | | | | 38 | | | |
| 26 | | | | 39 | | | |
| 27 | | | | 40 | | | |
| 28 | | | | 41 | | | |
| 29 | | | | 42 | | | |
| 30 | | | | 43 | | | |
| 31 | | | | 44 | | | |
| 32 | | | | 45 | | | |
| 33 | | | | 46 | | | |
| 34 | | | | 47 | | | |
| 35 | | | | 48 | | | |
| 36 | | | | 49 | | | |
| 37 | | | | 50 | | | |

# 모의 한자능력검정시험

**한자능력검정시험 대비**

 8급

※ 8급 한자 쉽게 따기를 완전히 익힌 뒤 가위로 점선을 잘라 모의 시험을 치르도록 합니다.

(주)효리원
02-3675-5225 / www.hyoreewon.com

# 第1回 漢字能力檢定試驗 8級 問題紙

※ 다음 글을 읽고 밑줄 친 漢字(한자)나 漢字語(한자어)의 讀音(독음)을 쓰세요. (1~15)

〈보기〉
生日 → 생일

① 八¹月² 十³五⁴日⁵은 추석입니다.
   이날은 父⁶母⁷님과 차례를 지냅니다.

② 四⁸월 5일은 식목일입니다.
   이날은 묘木⁹을 가지고 가서 山¹⁰에
   나무를 심습니다. 國¹¹民¹² 모두 이날을
   기념합니다.

※ 다음 한자의 訓(훈:뜻)과 音(음:소리)을 쓰세요. (16~25)

〈보기〉
民 → 백성 민

16. 寸
17. 火
18. 金
19. 門
20. 長
21. 王
22. 生
23. 東

33. 나무
40. 물

※ 아래 글의 ㉠과 ㉡의 밑줄 친 낱말에 공통으로 쓰이는 漢字(한자)를 보기에서 골라 그 번호를 쓰세요. (41~43)

〈보기〉
① 學  ② 兄  ③ 校
④ 教  ⑤ 生  ⑥ 先

41. ㉠ 학생은 배웁니다.
    ㉡ 선생님은 가르치십니다.

42. ㉠ 나는 학생입니다.
    ㉡ 육 학년입니다.

43. ㉠ 동생이 학교에 다닙니다.
    ㉡ 교장 선생님이 오십니다.

49.  표시된 획은 몇 번째 쓰는지 골라 보세요.

① 첫 번째      ② 두 번째
③ 세 번째      ④ 네 번째

50. 年 쓰는 순서가 맞는 것을 골라 보세요.

① ㉠㉢㉣㉡㉤㉥     ② ㄴ㉠㉣㉢㉡㉥
③ ㉥㉤㉠ㄴㄷ㉣     ④ ㄱㄴㄷ㉤㉣㉥
⑤ ㉤ㄷㄹㄱㄴ㉥

# 第2回 漢字能力檢定試驗 8級 問題紙

※ 다음 글을 읽고 밑줄 친 漢字(한자)의 讀音(독음)을 쓰세요. (1~18)

〈보기〉
漢字 → 한자

① <u>五¹月² 十³ 五⁴일</u>은 스승의 날입니다. 이날은 <u>先⁵生⁶</u>님의 은혜에 감사하는 날입니다.

② 음력 <u>八⁷</u>월에 추석이 있고, 十<u>⁸월에 國⁹ 軍¹⁰</u>의 날과 한글날이 있습니다. 한글은 세종 <u>大¹¹ 王¹²</u>께서 만들었습니다.

③ <u>東¹³ 西¹⁴ 南¹⁵ 北¹⁶</u> 전 세계의 사람들이

17. 韓
18. 民

※ 다음 漢字(한자)의 訓(훈:뜻)과 音(음: 소리)을 쓰세요. (19~25)

〈보기〉
大 → 큰 대

19. 校
20. 土
21. 九
22. 女
23. 年

38. 사람
39. 밖
40. 푸른

※ 아래 글의 ㉠과 ㉡의 밑줄 친 낱말에 공통으로 쓰이는 漢字(한자)를 <보기>에서 골라 그 번호를 쓰세요. (41~43)

―〈보기〉―
① 學  ② 兄  ③ 中
④ 敎  ⑤ 室  ⑥ 先

41. ㉠ 학교에는 나무가 많습니다.
    ㉡ 우리 형은 대학생입니다.

42. ㉠ 우리 형은 중학생입니다.
    ㉡ 나는 반에서 키가 중간입니다.

※ 다음 한자의 필순을 말해 보세요. (49~50)

49. 生 표시된 획은 몇 번째 쓰는지 골라 보세요.

① 첫 번째    ② 두 번째
③ 세 번째    ④ 네 번째
⑤ 다섯 번째

50. 五 쓰는 순서가 맞는 것을 골라 보세요.

① ㉠㉡㉢㉣   ② ㉡㉠㉢㉣
③ ㉣㉡㉠㉢   ④ ㉠㉢㉣㉡

모의 한자능력검정시험 제3회

# 第3回 漢字能力檢定試驗 8級 問題紙

꼭 책 뒷부분에 있는 답안지에 답을 쓰기 바랍니다.

※ 다음 글을 읽고 밑줄 친 漢字語(한자어)나 漢字(한자)의 讀音(독음)을 쓰세요. (1~16)

〈보기〉
山水 → 산수

① 2002년 오월 우리나라 大¹韓²民³國⁴과 日⁵본에서 세계 東⁶西⁷南⁸北⁹의 사람들이 모여 열드겜 축구 대회를 열었습니다.

② 三¹⁰月¹¹에는 삼일절이 있고, 七¹²월에는 제헌절이 있습니다. 八¹³월 十¹⁴ 五¹⁵일은 광복절입니다. 이날은 집집마다 태극기가 펄럭입니다.

※ 다음 漢字(한자)의 訓(훈:뜻)과 音(음: 소리)을 쓰세요. (17~25)

〈보기〉
小 → 작을 소

17. 日
18. 長
19. 母
20. 火
21. 父
22. 軍
23. 六
24. 東

37. 내
38. 하얀
39. 사람
40. 밖

※ 아래 글의 ㉠과 ㉡의 밑줄 친 낱말에 공통으로 쓰이는 漢字(한자)를 〈보기〉에서 골라 그 번호를 쓰세요. (41~43)

〈보기〉
① 白  ② 女  ③ 敎
④ 萬  ⑤ 山  ⑥ 靑

41. ㉠ 청소년은 꿈이 많습니다.
    ㉡ 내일 준비물은 청색 테이프입니다.

42. ㉠ 서울 근처에는 산이 많습니다.
    ㉡ 산 중턱에 절이 있습니다.

※ 다음 한자의 필순을 말해 보세요. (49~50)

49. 火 표시된 획은 몇 번째 쓰는지 골라 보세요.

① 첫 번째      ② 두 번째
③ 세 번째      ④ 네 번째

50. 母 쓰는 순서가 맞는 것을 골라 보세요.

① ㉠㉡㉢㉣㉤    ② ㉡㉠㉢㉣㉤
③ ㉢㉡㉠㉣㉤    ④ ㉠㉢㉡㉣㉤

※ 다음 밑줄 친 말에 알맞은 漢字(한자)를 〈보기〉에서 찾아 그 번호를 쓰세요. (36~40)

〈보기〉
① 四　② 兄　③ 人
④ 外　⑤ 門　⑥ 白

철수는 어린이날 가족과 함께 놀이공원에 갔습니다. 가족은 부모님과 형³⁶ 모두 네³⁷명입니다. 어머니가 하얀³⁸ 승차권을 사 주셨습니다. 수족관이 있는 건물로 가려는 사람³⁹들이 무척 많았습니다. 수족관 밖⁴⁰에도 사람들이 많았습니다.

43. ㉠ 교실에서 조용히 공부합니다.
    ㉡ 우리 아버지는 교수입니다.

※ 다음 글자들은 무슨 뜻이며 어떤 음(소리)으로 읽을까요. 〈보기〉에서 골라 그 번호를 써 넣으세요. (44~48)

〈예〉
① 군　② 소　③ 불　④ 제
⑤ 군사　⑥ 교　⑦ 만 형　⑧ 화

44. 弟는 （　　）라고 읽습니다.
45. 教는 （　　）라고 읽습니다.
46. 火는 （　　）라고 읽습니다.
47. 火는 （　　）을 가리킵니다.

기념하는 날입니다.

1. 大
2. 韓
3. 民
4. 國
5. 日
6. 東
7. 西
8. 南
9. 北
10. 三
11. 月
12. 七
13. 八
14. 十
15. 五
16. 王

※ 다음에 알맞은 漢字(한자)를 〈보기〉에서 골라 그 번호를 쓰세요. (26~35)

〈보기〉
① 小  ② 金  ③ 萬  ④ 生  ⑤ 寸
⑥ 五  ⑦ 室  ⑧ 先  ⑨ 學  ⑩ 弟

26. 다섯 오
27. 작을 소
28. 날 생
29. 일만 만
30. 쇠 금
31. 배울 학
32. 먼저 선
33. 집 실
34. 마디 촌
35. 아우 제

第2回 漢字能力檢定試驗 8級 問題紙

※ 다음 밑줄 친 낱말의 뜻에 알맞은 漢字(한자)를 〈보기〉에서 찾아 그 번호를 쓰세요. (36~40)

〈보기〉
① 靑  ② 山  ③ 人
④ 外  ⑤ 火  ⑥ 校

이번 봄 소풍은 산³⁶으로 갔습니다. 학교³⁷ 앞에서 버스를 타고 갔습니다. 버스에는 사람³⁸들이 많이 있었습니다. 그래서 계속 서서 장밖³⁹을 보고 있었습니다. 푸른⁴⁰ 하늘을 보니 기분이 좋아졌습니다.

36. 산

43. ㉠ 수업이 끝난 교실은 조용합니다.
㉡ 실내화를 빼앗겼습니다.

※ 다음 글자들은 무슨 뜻이며 어떤 소리(음)로 읽을까요? 〈보기〉에서 골라 그 번호를 써 넣으세요. (44~48)

〈보기〉
① 배우다  ② 형  ③ 아우  ④ 만
⑤ 일만   ⑥ 학  ⑦ 촌  ⑧ 마디

44. 兄은 (    )이라고 읽습니다.
45. 學은 (    )라는 뜻입니다.
46. 學은 (    )이라고 읽습니다.
47. 寸은 (    )이라고 읽습니다.

읽었습니다.

1. 五
2. 月
3. 十
4. 五
5. 先
6. 生
7. 八
8. 十
9. 國
10. 軍
11. 大
12. 王
13. 東
14. 西
15. 南
16. 北

25. 水

※ 다음에 알맞은 漢字(한자)를 〈보기〉에서 골라 그 번호를 쓰세요. (26~35)

〈보기〉
① 木  ② 四  ③ 兄  ④ 五  ⑤ 先
⑥ 生  ⑦ 門  ⑧ 中  ⑨ 長  ⑩ 七

26. 넉 사
27. 일곱 칠
28. 날 생
29. 가운데 중
30. 어른/길 장
31. 문 문
32. 먼저 선
33. 다섯 오
34. 맏 형
35. 나무 목

第1回 漢字能力檢定試驗 8級 問題紙

※ 다음 밑줄 친 낱말의 뜻에 알맞은 漢字(한자)를 〈보기〉에서 찾아 그 번호를 쓰세요. (36~40)

〈보기〉
① 中  ② 山  ③ 人
④ 木  ⑤ 火  ⑥ 四

민호는 식구들과 함께 산³⁶에 갔습니다. 부모님과 누나, 민호까지 모두 네³⁷ 명입니다. 정상에 가니 사람³⁸들이 많이 보였습니다. 나무³⁹ 사이로 해가 불⁴⁰처럼 빨갛게 보였습니다.

36. 산
37. 네

※ 다음 글자들은 무슨 뜻이며 어떤 음(소리)으로 읽을까요? 〈보기〉에서 골라 그 번호를 써 넣으세요. (44~48)

〈보기〉
① 일곱  ② 년(연)  ③ 만  ④ 집
⑤ 해    ⑥ 백      ⑦ 하다 ⑧ 형

44. 白은 (    )라는 뜻입니다.
45. 白은 (    )이라고 읽습니다.
46. 兄은 (    )라는 뜻입니다.
47. 兄은 (    )이라고 읽습니다.
48. 年은 (    )라는 뜻입니다.

※ 다음 한자의 뜻과 음을 말해 보세요.

밭속에는 산이 있습니다.
山水¹⁵가 좋아 관광지가 많습니다.

1. 八
2. 月
3. 十
4. 五
5. 日
6. 父
7. 母
8. 四
9. 木
10. 山
11. 國
12. 民
13. 南
14. 北
15. 山水

25. 九

※ 다음에 알맞은 漢字(한자)를 〈보기〉에서 골라 그 번호를 쓰세요. (26~35)

〈보기〉
① 弟  ② 外  ③ 人  ④ 中  ⑤ 萬
⑥ 室  ⑦ 靑  ⑧ 火  ⑨ 小  ⑩ 四

26. 가운데 중
27. 작을 소
28. 바깥 외
29. 푸를 청
30. 집 실
31. 일만 만
32. 넉 사
33. 사람 인
34. 아우 제
35. 불 화

## 모의 한자능력검정시험을 볼 때 주의할 점!

1. 실제 시험을 치른다는 마음으로 진지하게 응하도록 합니다.
2. 8급 과정을 완전히 익힌 뒤 모의 시험을 치르도록 합니다.
3. 실제 시험을 치르는 것처럼 답안지에 직접 정답을 작성하며, 실제 시험과 같은 검정색 필기구를 사용하도록 합니다.
4. 채점을 할 때 애매한 답은 무조건 오답으로 처리하도록 합니다.
5. 시험 문항 수는 모두 50문제이고, 배정 시간은 50분입니다.
6. 채점을 한 뒤 자신의 수준을 파악하여 구체적인 학습 계획을 세우도록 합니다.
   점수가 55점 이하인 경우에는 학습이 부족한 것이므로 8급 과정을 다시 한 번 공부하고, 다음 단계인 7급 과정으로 넘어가도록 합니다.

※ 8급 한자 쉽게 따기를 완전히 익힌 뒤 가위로 점선을 잘라 모의 시험을 치르도록 합니다.

| 萬 | 九 | 一 |
| 金 | 七 | 二 |
| 兄 | 月 | 三 |
| 東 | 父 | 王 |
| 外 | 弟 | 十 |
|   | 水 | 寸 |
|   | 母 | 人 |
|   | 女 | 火 |
|   | 北 | 日 |
|   | 南 | 白 |

| | | | |
|---|---|---|---|
| 일만 만 8급 | 아홉 구 8급 | 일곱 칠 8급 | 한(하나) 일 8급 |
| | | | 두(둘) 이 8급 |
| 쇠 금/성씨 김 8급 | 물 수 8급 | 달 월 8급 | 석(셋) 삼 8급 |
| | | | 임금 왕 8급 |
| 맏 형 8급 | 어머니 모 8급 | 아버지 부 8급 | 열 십 8급 |
| | | | 마디 촌 8급 |
| 동녘 동 8급 | 여자 녀(여) 8급 | 아우 제 8급 | 사람 인 8급 |
| | | | 불 화 8급 |
| 바깥 외 8급 | 북녘 북 8급 | 남녘 남 8급 | 날/해 일 8급 |
| | | | 흰(희다) 백 8급 |

國民韓小山
學軍中四西
校教先土五
門生長八六
青年　大木

| | | | |
|---|---|---|---|
| 나라 국 8급 | 백성 민 8급 | 나라/한국 한 8급 | 작을(작다) 소 8급 |
| | | | 메(산) 산 8급 |
| 배울 학 8급 | 군사 군 8급 | 가운데 중 8급 | 넉(넷) 사 8급 |
| | | | 서녘 서 8급 |
| 집 실 8급 | 가르칠 교 8급 | 학교 교 8급 | 흙 토 8급 |
| | | | 다섯 오 8급 |
| 문 문 8급 | 날 생 8급 | 먼저 선 8급 | 여덟 팔 8급 |
| | | | 여섯 륙(육) 8급 |
| 푸를(푸르다) 청 8급 | 어른/길 장 8급 | 해 년(연) 8급 | 큰(크다) 대 8급 |
| | | | 나무 목 8급 |